Patrick Schuchter, Michaela Fink,
Reimer Gronemeyer, Andreas Heller

Die Kunst der Begleitung

Was die Gesellschaft von der ehrenamtlichen Hospizarbeit wissen sollte

der hospiz verlag

*„War es eine Träne, die Zuwendung gewünscht hatte?
Oder nur ein Reiz im Auge?“*

Vorwort

Dieses Buch ist aus einem Forschungsprojekt entstanden, das der Deutsche Hospiz- und Palliativverband, Berlin, finanziert hat. Es ist Teil eines Verbundprojektes, das zusammen mit Prof. Dr. Werner Schneider (Universität Augsburg) und Prof. Dr. Thomas Klie (Evangelische Hochschule Freiburg i.Br.) durchgeführt worden ist.

Wir bedanken uns beim Vorstand des Deutschen Hospiz- und Palliativ-Verbands, der dieses Forschungsprojekt ermöglicht hat. Wir bedanken uns bei den Ehrenamtlichen, die sich bereit erklärt haben, an dem Forschungsprojekt teilzunehmen, für ihre Geschichten, die sie mit uns geteilt haben und für bewegende und informative Gespräche. Wir bedanken uns auch bei den Landesverbänden des DHPVs für die Unterstützung unserer Arbeit.

Unser Dank gebührt auch Anna Hostalek („Es hat mich zum Lachen und zum Weinen gebracht. Ich habe jetzt einen Tick weniger Angst vor dem Sterben.“) und Anne Zulauf, die uns bei der Transkription der Geschichten der Ehrenamtlichen und dem Redigieren des Manuskripts geholfen haben und deren Rückmeldungen und Einsichten für unsere Reflexion sehr kostbar gewesen sind.

Inhalt

1

Die Hinwendung zum Anderen in der ehrenamtlichen Hospizarbeit ist in ihrer „Umsonstigkeit“ (Ivan Illich) ein wichtiger Beitrag zur Humanisierung des Lebensendes.

Sorge um Fremde

Walter Benjamin schrieb 1921, die Welt des Kapitalismus sei eine Welt „sans rêve et sans merci“[1]: eine Welt ohne Traum und ohne Gnade. Eine Welt radikaler Vergeldlichung, in der nur zählt, was gezählt werden kann. Geld ist zum letzten Klebstoff geworden, mit dem – global und national – sozialer Zusammenhalt garantiert werden soll. Wo Geld knapp wird, wo Schuldentürme sich ins Unermessliche aufbauen, droht der Zusammenbruch.

Die gesellschaftliche Bedeutung ehrenamtlicher Tätigkeit in der Hospizarbeit liegt vor allem darin, dass sie *ohne Geld*, aber mit viel Zeit erbracht wird. In der Arbeit der Ehrenamtlichen sprudelt der Stoff, aus dem der Zusammenhalt erwächst. Wir möchten deutlich machen, dass Ehrenamtliche mit ihrer selbstverständlichen, unentgeltlichen Tätigkeit, in der sie geradezu verschwenderisch Zeit zur Verfügung stellen, eine außerordentliche Kostbarkeit darstellen. Diese ungewöhnliche gesellschaftliche Solidarität wird als eine Kraftquelle sichtbar, die in Zeiten der Erosion von sozialen Zusammenhängen unsere Aufmerksamkeit und Dankbarkeit verdient.

1 Benjamin, Walter (1991): Kapitalismus als Religion [Fragment]. In: Gesammelte Schriften, hrsg. v. Rolf Tiedemann und Hermann Schweppenhäuser, 7 Bde, Frankfurt am Main: Suhrkamp, 1. Auflage, Bd. VI, S. 100 (S. 100–102).

In der empirisch-qualitativen Studie, die diesem Buch zugrunde liegt, haben wir wissen wollen, welche Erfahrungen Ehrenamtliche in der Hospizarbeit machen. Die Hospizbewegung verdankt ihre Existenz sehr wesentlich dem Elan und dem Geist des Ehrenamts. Kaum eine andere soziale Bewegung in Deutschland hat in den letzten Jahrzehnten eine vergleichbare Aufmerksamkeit und Anerkennung erlangt.[2]

Wir sind von der Hypothese ausgegangen, dass ehrenamtliche HospizmitarbeiterInnen bedeutsame Lebenserfahrungen und einen „Schatz" an Erfahrungswissen über die Wirklichkeit des Sterbens und Trauerns in der Gesellschaft gesammelt haben und sammeln. Das Wissen der Ehrenamtlichen (Erfahrungswissen, Lebenswissen) hat in der Forschung zum Ehrenamt bislang kaum Aufmerksamkeit erfahren. Die hier aufbereiteten Ergebnisse der Studie erlauben Rückschlüsse über Sterben und Tod in der gegenwärtigen gesellschaftlichen Wirklichkeit.

Wir sind davon ausgegangen, dass das „Sterbewissen" der Ehrenamtlichen sich in vieler Hinsicht unterscheidet von dem der hauptamtlichen Experten. Ehrenamtliche verfügen über die Zeit und die Möglichkeit, sich zweckfrei und absichtslos auf den sterbenden Menschen und seine Lebenssituation einzulassen. Dies eröffnet besondere Räume für Nähe und Vertrautheit, für überraschende, bewegende und erkenntnisbringende Erfahrungen. In der Unmittelbarkeit des nahenden Lebensendes entstehen nicht-alltägliche Begegnungen, die oft von einer radikalen und existenziellen Offenheit geprägt sind.

2 Heller, Andreas/Pleschberger, Sabine/Fink, Michaela/Gronemeyer, Reimer (2016): Die Geschichte der Hospizbewegung in Deutschland, 2. Auflage, Ludwigsburg: der hospiz verlag.

Den Kern unseres Projekts bildeten 14 Gruppengespräche mit ehrenamtlichen HospizmitarbeiterInnen (sowie eine zusätzliche umfangreiche „Geschichtensammlung"). In diesen Gesprächen wurden Schlüsselerfahrungen aus der ehrenamtlichen Hospizarbeit aufgeschrieben und erzählt und auf die tiefer darin liegenden Themen und Umgänge mit Sterben, Tod und Trauer hin erkundet. Projekt- und Ansprechpartner waren Hospizvereine, die nach einigen Differenzkriterien ausgesucht wurden.[3] Die Gespräche wurden dokumentiert, elektronisch aufgezeichnet und wissenschaftlich ausgewertet. Die Ergebnisse haben wir in dieser Publikation für die Praxis und für den wissenschaftlichen Diskurs aufbereitet.

Die Erfahrungen der oft über viele Jahre in der Sterbebegleitung tätigen Ehrenamtlichen sind überaus differenziert und konkret. Die große Mehrzahl der Ehrenamtlichen, mit denen wir gesprochen haben, sind ältere Frauen, die eine Fülle drastischer, dramatischer und erfahrungsreicher Geschichten über Sterben und Trauer zu erzählen haben. Aus ihren Berichten spricht ein kraftvolles, lebendiges Engagement und eine große Fähigkeit zur Sorge und zur Mit-Leidenschaft.

Das Ehrenamt in der Hospizarbeit ist nicht irgendein Ehrenamt. Es ist ein Ehrenamt an den Grenzen des Lebens und am Rande der Gesellschaft. Die ehrenamtliche Hospizarbeit widmet sich Menschen, die „austherapiert" sind, die in Pflegeheimen, stationären Hospizen, auf Palliativstationen, in Krankenhäusern oder zu Hause dem Ende ihres Lebens entgegensehen. Sie sind aus der „Wertschöpfungskette" der kapitalistischen Gesellschaft herausgefallen, sie produzieren keinen „Mehrwehrt", sondern sind zum „Kostenfaktor" geworden. Sterben ist zum teuersten Lebensabschnitt geworden. Zwei Drittel der Krankenhauskosten fallen in

3 Vgl. dazu das Kapitel zum Forschungsprozess.

den letzten Lebenswochen und -monaten an. Angesichts einer totalen Ökonomisierung des menschlichen Selbstverständnisses erscheint die ehrenamtliche Hospizarbeit wie eine Art Gegenwelt. Die Berichte der Ehrenamtlichen sind Zeugnisse gelebter Menschlichkeit.

Das Wort Hospiz ist von dem lateinischen Wort *hospitium* abgeleitet und bedeutet: Gastfreundschaft, Bewirtung, gastliche Herberge. Hospize waren in der mittelalterlichen Tradition kirchliche oder klösterliche Herbergen an Pilgerwegen, die den Pilgern als Raststätten dienten. Die moderne Hospizidee knüpft an die Idee der Herberge an, indem sie dem heimatlos gewordenen Sterbenden eine Zuflucht bieten will. Hospizlichkeit ist bis heute praktizierte Gastfreundschaft (lat. *hospitalitas*). In vielen romanischen Sprachen ist der Gast jedoch eine durchaus zwiespältige Figur: Er ist *hospes* und *hostis,* potenziell Freund oder Feind. Damit der Fremde zum Freund wird, braucht es ein absolutes Vertrauen. In der christlichen Tradition begegnet mir in dem Fremden, der an meine Tür klopft und um Gastfreundschaft bittet, Christus selbst. Die bedingungslose Akzeptanz des Fremden bildet den religiösen Kern der Gastfreundschaft. Die Hospizbewegung schafft Orte, an denen Sterbende eine solche Akzeptanz erfahren. Sie tut dies im Bewusstsein, dass wir alle Gäste des Lebens sind und existenziell auf den anderen angewiesen und verwiesen sind.

Wir haben uns gefragt: Was kann unsere Gesellschaft lernen aus den Erfahrungen und Einsichten der Ehrenamtlichen in der Hospiz- und Palliativarbeit? Die Berichte der Ehrenamtlichen sprechen von der Suche nach gesellschaftlichem Zusammenhalt. Zugleich ist die hospizliche Begleitung selbst ein Versuch, auf den Verlust gesellschaftlicher Kohäsion eine Antwort zu finden. Während sich gegenwärtig Fremdenangst und Fremdenfeindlichkeit ausbreiten, spiegelt sich in den Erzählungen der Ehrenamtlichen das Ringen um Zugang zum anderen, dem mir Fremden – und das Sich-Aussetzen gegenüber dem absolut Fremden: dem Tod.

Die Ehrenamtlichen bewegen sich sensibel und souverän, bisweilen auch hilflos und suchend, in vielfältigsten Situationen und Beziehungsgeflechten. Sie konfrontieren sich mit ihrer eigenen Endlichkeit, mit der Fragilität unserer Existenz. In ihrem Engagement kommt eine Kultur der Sorge zum Ausdruck, die der kapitalistischen „Kultur“ des Nutzens diametral entgegensteht. Die Hinwendung zum Anderen in der ehrenamtlichen Hospizarbeit ist in ihrer „Umsonstigkeit“ (Ivan Illich) ein wichtiger Beitrag zur Humanisierung des Lebensendes.

12

2

Die Ehrenamtlichen sind die Wächterinnen der Einfühlsamkeit am Rande des Lebens

Die Erfahrungen auf einen Blick

Wir versuchen hier weiterzugeben, was wir von den Ehrenamtlichen gelernt haben. In den Geschichten, die Ehrenamtliche uns erzählt haben, tritt eine *überwältigende Fülle* von Erlebnissen zutage. Wir machen gar nicht erst den Versuch, diese Erfahrungen über einen Kamm zu scheren. Wir stehen verblüfft und beeindruckt vor einer *„kulturellen" Vielfalt,* die ganz im Gegensatz steht zu manchen monokulturellen Tendenzen in der Gesellschaft. Die ehrenamtliche Vielfalt stellt einerseits einen kostbaren Kontrapunkt zu den Gefahren professioneller Engführung dar und sie widerlegt andererseits, zumindest für diesen Bereich, die Klage über mangelndes *zivilgesellschaftliches Engagement.*

- Die gesellschaftliche Bedeutung ehrenamtlicher Tätigkeit in der Hospizarbeit liegt vor allem darin, dass sie *ohne Geld*, aber *mit viel Zeit* erbracht wird. Sie steht damit in einem wohltuenden Gegensatz zum Mainstream: Professionelle palliative Dienstleistungen sind zunehmend durch Geld- und Zeitknappheit gekennzeichnet.

- Ehrenamtliche schenken Zeit – und fühlen sich ihrerseits beschenkt: mit Erinnerungen, neuen Beziehungen, wesentlichen Einsichten für das eigene Leben. Sie sprechen selbst von *„Geben und Nehmen"* und von *„Reichtum"*. Diese lassen sich jeweils nicht auf ein ökonomisches Verständnis reduzieren. Ehrenamtliche stiften sozialen Zusammenhalt jenseits der Kategorien von „Geld" und „Recht".

- Die vor allem von älteren Frauen getragene ehrenamtliche Hospizarbeit zeugt von einer Fülle *kreativer, warmer, situationsbezogener Begleitungen,* in denen die Ängste, die Nöte und die Wünsche von Menschen am Lebensende in einem lebendigen Gegenüber mit Einfühlungsvermögen wahrgenommen werden.

- Das Wissen der Ehrenamtlichen über Sterben und Tod wird nicht so sehr in theoretischen Abstraktionen deutlich, sondern zeigt sich situativ und konkret in dem, was sie tun und wie sie darüber erzählen. In den Erzählungen der Ehrenamtlichen werden ihre Erfahrungen als *Weisheit greifbar, die aus der Beziehung zwischen Begleitenden und Betroffenen erwächst.*

- Weisheit und Kunst ehrenamtlicher Begleitung bestehen wesentlich darin, *zu Unbekannten und Fremden Kontakt* und *„Zugang"* zu finden, *Vertrauen* zu schaffen. Das „Sich-Öffnen" der Betroffenen wird als Gabe erfahren.

- Es gibt religiöse Gründe und Erlebnisse im kirchlichen Raum, die dazu bewegen, sich der ehrenamtlichen Hospizarbeit zuzuwenden. Oft ist es aber eine *eigene Verlusterfahrung* (Partner, Eltern, Geschwister, Kind), die zur Hospizarbeit führt. In diesen Vorerfahrungen steckt das Erleben eines *existenziellen Standpunktwechsels,* durch den das Leben anders und neu gesehen wird und der zur Hospizarbeit motiviert.

- Das immer wieder erkennbare zentrale Motiv für das weitgehend weibliche Engagement ist die Suche nach einer *„sinnvollen" Tätigkeit* (sehr oft in der Zeit nach der Pensionierung). Die finden Ehrenamtliche – so sagen sie – in der Sterbebegleitung.

- Bisweilen werden in der Begleitung die Grenzen immanenter Erfahrung gesprengt. Diese *„transzendierenden Erfahrungen"* werden großenteils weltanschaulich neutral beschrieben, unabhängig von einer bestimmten Konfession oder Religion.

- Es ist kein „einfacher" Sinn, der gesucht und erfahren wird. Ehrenamtliche halten häufig *Situationen radikaler Ohnmacht* aus: Das Beziehungsangebot wird abgelehnt, Betroffene sterben unversöhnt, gequält, klagend, unzugänglich. Die Ehrenamtlichen versuchen, sich mit Intuition, manchmal durch Berührung anzunähern – oder halten einfach aus. Sie machen es sich nie leicht mit den Beziehungen. Sie ergreifen nicht die Flucht vor schwierigen Situationen oder bedienen sich „einfacher" Erklärungsmuster. Ehrenamtliche Begleitung ist von *großer „Treue"* geprägt.

- Ehrenamtliche begleiten fast immer nicht nur die Betroffenen, sondern (wo vorhanden) *das ganze Beziehungssystem mit den An- und Zugehörigen.* Immer wieder erwachsen aus der Begleitung *bleibende Beziehungen.* Auch darin wird die zivilgesellschaftliche Bedeutung, die Wirkung für *„communities"* der ehrenamtlichen Arbeit deutlich.

- Es sind unterschiedliche *Rollen,* die Ehrenamtliche darin einnehmen – oft haben diese Rollen *vermittelnden Charakter:* zwischen Leben und Tod (etwa als Hinführung der Angehörigen zu einem Umgang mit dem Sterben), zwischen Angehörigen und Betroffenen sowie zwischen den Betroffenen und den Profis.

- Neben der medizinischen und pflegerischen Versorgung sterbender Menschen ist für die Sterbenden die Möglichkeit, *im Gespräch mit anderen Menschen zu bleiben,* von zentraler Bedeutung. Dafür stehen die Menschen in der freiwilligen Hospizbegleitung zur Verfügung. Dieser Dienst kann gar nicht hoch genug eingeschätzt werden. Er hält den Profis und den Einrichtungen – manchmal schmerzhaft – den Spiegel der eigenen uneingelösten ethischen Ansprüche vor.

- In den Erzählungen der Ehrenamtlichen *spielt der medizinische Kontext kaum eine Rolle:* Von Konflikten mit Angehörigen, von Unerledigtem, von Ängsten, von Wünschen ist viel die Rede. Medizinisch-pflegerische Fragen werden im Gespräch mit den Ehrenamtlichen indessen kaum aufgenommen. *Ehrenamtliche sind zuständig für das, was im medizinischen oder pflegerischen Handeln eher nicht zur Sprache kommt:* Der Seelenschmerz, die Hoffnung oder die Hoffnungslosigkeit, Vergebung und Versöhnung oder auch die Angst um die Menschen, die man zurücklässt.

- Systembedingte Widersprüche im Pflegeheim und die „Apparatemedizin" bringen Ehrenamtliche in *Situationen relativer Ohnmacht.* Sie sehen sich als Fürsprecherinnen der begleiteten Personen, gehen auf Distanz zu einer Medizin, die Leid erzeugt, statt es zu lindern. Aufgrund der Machtverhältnisse *gelingen Für- und Gegensprache selten.* Das kritische Potenzial des Ehrenamts kann sich keine Luft machen oder Stimme verschaffen – Selbstzurücknahme, Da-Sein, Lückenfüllen überwiegen.

- Das Bild von einem *friedlichen Sterben* ist der rote Faden, der sich durch die Erzählungen der Hospizbegleiterinnen und Hospizbegleiter zieht. „Friedlich einschlafen“, „den Lebenskreis schließen“: Es sieht so aus, als wenn die Ehrenamtlichen darin sowohl den eigenen Wunsch als auch den unausgesprochenen Konsens der Gesellschaft zum Ausdruck bringen.

- Die größte Stärke vieler Ehrenamtlicher ist, dass sie offen sind für das, was offen ist: die Beziehung zu den Angehörigen, die Frage nach Hoffnung, die Frage, ob etwas über den Tod hinausweist, das Gespräch über Ängste, Wünsche, Sehnsüchte. Sie sind in gewisser Weise die *Zuständigen für das Unbestimmte und Unvorhersehbare.* In guter Weise können sie sich auf ihre Intuition verlassen und darauf, dass sie kompetent sind, sich auf fremde Situationen einzulassen. Und damit sind sie mehr denn je unverzichtbar in der Begleitung. Ihr Risiko, etwas falsch zu machen, ist nicht geringer als das Risiko einer medizinischen Fehlentscheidung. Ihr Beitrag zur Humanisierung des Lebensendes kann genau deshalb von größter Bedeutung sein. Und die letzten Instanzen, auf die sie zurückgreifen können sind Einfühlsamkeit, Herzenswärme, Zuneigung, Loyalität und Solidarität in der Sorge.

- Das Verhältnis der Ehrenamtlichen zum professionellen Kontext wird meist als gut beschrieben. Dennoch scheinen Klagen darüber auf, dass sie, *die Ehrenamtlichen, nicht genügend wahrgenommen und integriert werden,* zum Beispiel nicht benachrichtigt werden, wenn ein Begleiteter gestorben ist.

- Die Ehrenamtlichen sehen *Unterschiede zwischen häuslicher und stationärer Begleitung:* Oft erleben sie die häusliche Begleitung als intensiver. Im stationären Kontext schätzen sie dagegen die Anwesenheit der Hauptamtlichen, die ihnen Sicherheit gibt.

- Die Ausbildung zum Ehrenamtlichen ist akzeptiert, die Herausforderungen der praktischen Arbeit aber sind oft von Unvorhergesehenem gekennzeichnet. Dann werden *die situative Geistesgegenwart* und die unverstellte Menschlichkeit zum wichtigsten „Hilfsmittel" der Begleitung.

- Unsere Gesellschaft ist sichtlich von Erosionsprozessen bedroht. Es ist bemerkenswert, dass die Wiederkehr wärmender Zuwendung und gelebter Empathie offenbar an den Rändern der Gesellschaft so deutlich möglich wird. In der Konfrontation mit der letzten Lebenskrise kann jenes Einfühlungsvermögen aufblühen, dessen Fehlen im Zentrum der Gesellschaft beklagt wird. *Die Ehrenamtlichen sind die Wächterinnen der Einfühlsamkeit am Rande des Lebens.*

- Die Ehrenamtlichen bringen Sterben und Tod wieder auf den *Boden der Tatsachen* zurück, sie machen das Lebensende zu einer menschlichen *Erfahrung von Angesicht zu Angesicht.* Indem sie beispielsweise einfach dasind und zuhören, nehmen sie Anteil am Leiden von Menschen und machen dieses durch ihre Präsenz auch öffentlich, entreißen es der gesellschaftlichen Tendenz zur Privatisierung. Das ist die politische Dimension der ehrenamtlichen Hospizarbeit.

3

Die Sorge beginnt nicht
mit einem Interesse,
sondern mit einem Staunen –
und sie ist keine Entscheidung,
sondern ein Ereignis.

Sieben Fragen und was Ehrenamtliche dazu sagen

Wie fing alles an?

Warum entscheiden sich Menschen dafür, Sterbende und ihre Angehörigen zu begleiten? Wie kommen die Ehrenamtlichen zu ihrem Ehrenamt? Diese Frage stellt sich zunehmend auch in der (internationalen) Forschung zur „Motivation" ehrenamtlicher Hospizarbeit. Diese Forschung[4] hat Motive und Interessen von Ehrenamtlichen – generell und spezifisch im Feld der Hospizarbeit – freigelegt, die auch wir wiederentdecken konnten. Demnach gelten „altruistische Motive" als hauptausschlaggebend (in unserer Studie: „weil ich helfen möchte", „weil ich mich für Mitmenschen einbringen möchte", „weil ich Menschen liebe"...) neben

4 Vgl. Fleckinger, Susanne (2018): Hospizarbeit und Palliative Care. Zum wechselseitigen Arbeitsverhältnis von Haupt- und Ehrenamt. Wiesbaden: Springer VS; Goossensen, Anne/Somsen, Jos/Scott, Ros/Pelttari, Leena (2016): Defining volunteering in hospice and palliative care in Europe: an EAPC White Paper. In: European Journal of Palliative Care, 23(4), S. 184–191.

Motiven, die mit den Begriffen von Solidarität oder von zivilgesellschaftlicher Verantwortung bezeichnet werden („weil ich nicht zulassen kann, dass Sterbende allein gelassen werden“, „weil ich das einsame Sterben schrecklich finde“). Diese Solidarität nimmt durchaus auch gesellschaftskritische Züge an, wenn das Tabu des Sterbens und das Tabu der Hilfsbedürftigkeit thematisiert werden:

> *„Als mein Bruder vor Jahren an Demenz erkrankt war, war das vor allem für ihn und seine Frau eine sehr schwierige Zeit. Erst wurde es kleingeredet. Nur ja nicht auffallen. Auch keine Hilfe holen. Nach 13 Jahren war das nicht mehr möglich. Ich durfte ab und zu helfen. Er kannte meinen Namen nicht mehr, aber es hat uns beide berührt und Nähe gebracht. So bin ich zu meinem Hospizdienst gekommen.“*

Religiöse Überzeugungen (mit ausdrücklich konfessionellem Bezug und Zugehörigkeit zu einer Überzeugungsgemeinschaft) sind rar und gleichzeitig beinahe willkürlich. So heißt es einmal: „Ich möchte aus christlicher Überzeugung anderen helfen.“ Aber auch: „Ich bin Atheist und glaube, dass Menschen begleitet werden wollen während dem Abschied vom Leben.“ Dass die Arbeit bereichert und als sinnstiftend erlebt wird und deshalb Menschen zur Hospizarbeit gelangen, ist durchaus geteiltes Wissen der Motivationsforschung zum Ehrenamt („Ich finde diese Arbeit sinnvoll und für mich so bereichernd“, „Ich möchte mich sinnvoll für Mitmenschen einbringen“ …).

In unserem Projekt war zusätzlich auffällig, dass – und das entspricht dem durchschnittlichen Alter der Menschen, mit denen wir gesprochen haben – dieses Streben nach einer sinnstiftenden Tätigkeit besonders im Zusammenhang mit der Zeit nach der Pensionierung erwähnt wird:

„Als Rentnerin wollte ich noch etwas Sinnvolles machen", „Ich suchte für meinen Ruhestand eine sinnvolle Tätigkeit".

Abgesehen davon, dass mit diesen Hinweisen noch lange nicht verstanden ist, was mit „sinnvoll" und „bereichernd" eigentlich genau gemeint ist, hat uns insbesondere eine weitere Form von Antworten auf diese Frage nach dem, wie alles anfing, beschäftigt. Sehr eindrückliche und fast die Mehrzahl der Erzählungen und Äußerungen zu dem Thema sprechen nicht vom Sinn oder dem Helfen-Wollen oder der Solidarität in der community und der Gesellschaft, sondern schlicht und einfach davon, dass es persönliche Vor-Erfahrungen mit dem Sterben, der Begleitung und der Sorge für Sterbende im Kreise der eigenen Angehörigen und der Freundinnen und Freunde gegeben hat (so auch bei den PionierInnen der Hospizbewegung, vgl. Heller et al. 2012). Liest man etwas tiefer in diese Erzählungen hinein (und versteht die Aussagen noch dazu im Licht der sonstigen Erfahrungen, die mit uns in den Gesprächen geteilt wurden), dann entdeckt man nicht nur einen weiteren Beweggrund für das hospizliche Engagement, sondern die gesamte Motivationsbegrifflichkeit wird selbst fraglich:

„Sterbebegleitung einer Kollegin/Freundin. Obwohl wir uns erst kurz kannten, fragte sie mich, ob ich sie zu einem Termin im Krankenhaus begleiten könnte. Von dem Tag der Diagnosestellung an, bis zu ihrem Tod ein halbes Jahr später, war ich an ihrer Seite, wann immer sie fragte. Ich begleitete ihre Auflehnung, ihre Kämpfe gegen die Übelkeit durch die Chemotherapie, mit vielen intensiven Gesprächen. Als klar war, dass sie sterben wird, verbrachte ich Abende und Wochenenden bei ihr. Es ergab sich darüber eine tiefe Freundschaft. Die letzten zwei Tage und Nächte waren so besonders. Von Nähe und Halt geprägt. Sie schlief in meinen Armen ein und sah so schön

aus. Alles war so normal, natürlich und sehr vertraut. Mit den Kindern, Geschwistern haben wir uns verabschiedet und sind noch lange bei ihr gesessen. Ich bin dankbar für diese Erfahrung. Letztlich hat sie mich dahin geleitet, den Befähigungskurs zu machen. Heute arbeite ich ehrenamtlich jedes Wochenende im Hospiz und auch im ambulanten Rahmen. Diese Arbeit erdet mich sehr."

Die Sterbebegleitung beginnt also häufig vor der Hospizarbeit – wenn Menschen eine Erfahrung mit dem Sterben und der Sorge um Sterbende im eigenen sozialen Umfeld gemacht haben. Vergegenwärtigen wir uns: Ist es nicht so, dass wir im normalen Alltagsbewusstsein – zumal in einer modernen Gesellschaft, in der viele das Sterben von Mitmenschen erst spät und lange gar nicht erleben – die Wirklichkeit des Todes nicht präsent im Bewusstsein haben? „Sie schlief in meinen Armen ein und sah so schön aus. Alles war so normal, natürlich und sehr vertraut ... Ich bin dankbar für diese Erfahrung." Das Unvertraute des Todes, bestimmt aber der vom alltäglichen Lebensbewusstsein ferngehaltene Tod erweisen sich als – natürlich und vertraut. Der Tod verliert kurz seinen Schrecken und lässt einen zurück mit einem veränderten Blick auf die Dinge. Zumindest für eine kurze Zeit. Dann hat mich das Alltagsbewusstsein wieder. Vorsichtig können wir vermuten oder zumindest zur Diskussion stellen: Sterbebegleitung, Sterbeerfahrungen, Begleitungserfahrungen und die Hospizarbeit sind mögliche Orte eigenwilliger Transzendenzerfahrung in einer säkularen Moderne. Was wir in den Erzählungen und Gesprächen über „transzendierende" Erfahrung und „heilige" Momente gehört haben und weiter unten beschreiben, könnte diese Sichtweise bestätigen.

Der Weg, der dazu führt, ist nicht damit erledigt, dass man die „Motivation" erforscht. Dieser Begriff – ungefähr definierbar als Emotions- und Willenslage, dieses oder jenes Verhalten an den Tag zu legen – greift in seiner psychologisierenden Ausrichtung zu kurz. Die Struktur, die in solchen Geschichten ausgedrückt wird, ist eher die eines beinahe radikalen Standpunktwechsels, von dem aus das Leben betrachtet und erlebt wird. In der Religionsphilosophie würde man von einem „Bekehrungserlebnis" sprechen. Aber vermutlich ist dieser Begriff zu stark und vorbelastet, um akzeptabel zu erscheinen. Aber – es mag sozialwissenschaftlich und sozialpsychologisch noch so normal erscheinen, die „Motivation" von bestimmten Personengruppen zu erforschen – zumindest für die Hospizarbeit ist der Anfang der Sorge besser beschrieben als existenzieller Standpunktwechsel, durch den sich eine neue Dimension, die Wirklichkeit zu erleben und zu sehen, eröffnet.

In den Religionen, in alten philosophischen Traditionen ist es zentral, das Leben vom Standpunkt des Todes zu betrachten *(meditatio mortis)*. Manchmal verliert der Tod die Fremdheit und den Schrecken und das Leben wird intensiver empfunden. Die Sorge beginnt nicht mit einem *Interesse*, sondern mit einem *Staunen* – und sie ist keine *Entscheidung*, sondern ein *Ereignis*.

So besehen wäre es eine wiederum psychologisierende Überdeutung, wenn man sagen würde, Ehrenamtliche verarbeiten in der Hospizarbeit ihre eigenen Trauererfahrungen oder dergleichen. Das wird der Ambivalenz und der Tiefe der Erfahrung nicht gerecht. Ist es nicht angemessener – wenn wir die Herkunft der Begrifflichkeit aus der Religionsphilosophie akzeptieren können – zu sagen, diese Vor-Erfahrungen sind *tremendum et fascinosum* (Rudolf Otto): schrecklich und erschreckend, ja, aber eben auch faszinierend. Immer wieder hören wir solche Aussagen – auch ohne die Einkleidung in die Sprache der christlichen Religion wie in der folgenden Erzählung:

„Ein Ereignis, das maßgeblich dazu beiträgt, dass mir diese Arbeit auf dem Herzen liegt, war das Sterben und der Tod meiner Mutter, die ich begleitet habe. Wegen einer Krebserkrankung lag sie im Sterben auf einer Palliativstation eines Krankenhauses. Der Moment, in dem sie ‚nach Hause' ging, war ein unvergesslicher. Der kurze Blick in Gottes Herrlichkeit, den ich sehen durfte, hat dem Tod den Schrecken genommen. Seitdem darf ich ohne Angst durchs Leben gehen. Selbst durch meine Krebserkrankung hindurch. Und dieser Frieden begleitet mich und das möchte ich durch diese Arbeit weitertragen."

Erst auf der Grundlage dieser existenziell wendenden Erfahrung treten dann vielleicht *Motive* hinzu, nämlich einerseits das Streben danach, diese Erfahrung *(fascinosum)* zu wiederholen und tiefer zu ergründen, mehr zu verstehen, diesen neuen Blick nicht zu verlieren, sondern zu behalten. Und andererseits das Bestreben, diese Erfahrung, die damit verbundenen Einsichten, wie damit gelebt, gefühlt und umgegangen werden kann, weiterzugeben.

In all dem ist es übrigens auch entscheidend, dass wir dieses „Weitertragen" und „Weitergeben" angemessen verstehen. Susanne Fleckinger hat in der genannten Studie zum Ehrenamt festgestellt, dass *Geben und Nehmen* in der Motivlage der Ehrenamtlichen wichtiger werden. Die meisten AutorInnen streichen die altruistischen Motive hervor, aber eben auch, dass die Ehrenamtlichen heute nicht nur das Geben, sondern auch den (immateriellen) Gewinn im Blick hätten. Fleckinger spricht von einer neuen „Anspruchlichkeit" (und deshalb von einem Strukturwandel) des Ehrenamts und stellt die Frage, ob es sich dabei um ein Kennzeichen eines selbstbewussteren Ehrenamts handelt oder ob es dabei einfach um das „Nehmen" gehe.

Diese Frage harrt einer Antwort – unseres Erachtens auch deshalb, weil das Geben und Nehmen in Care-Beziehungen allgemein, in der Sterbebegleitung im Besonderen, wenig bedacht und verstanden wurde. Die Rede von „Geben und Nehmen“ droht ständig abzugleiten in eine fast schon ökonomische Variante von Tauschgeschäften, auch wenn eine Seite davon nicht Geld, sondern Sinn ist (Da-Sein im Tausch gegen sinnstiftende Erfahrung; Begleitung im Tausch gegen eine Erfahrung, die sich vom beruflichen Leistungs- und Erfolgsdruck unterscheidet). Ausdrücke wie jener der „Motivation“ unterstützen dieses Abgleiten.

Unsere „Ergebnisse“, also die Geschichten, Gespräche und Interpretationen, deuten andere Linien an. Erfahrungen aus erlebter Sterbebegleitung führen zu einem existenziellen Standpunktwechsel, der nicht mit den Begriffen von Motiven oder Interessen eingefangen werden kann – und der nicht in dem Sinne „gemacht“ ist, dass Menschen gemäß irgendwelcher Präferenzen ihre Tätigkeiten wählen, sondern der Tod und die Sorge um jemand anderen *sind ins Leben getreten*, haben sich *ereignet*.

Wie wir noch sehen werden, macht es einen kategorischen Unterschied, ob wir das „Geben und Nehmen“ vor dem Hintergrund einer Tauschmechanik zwischen Motiven, Interessen, Tätigkeiten, Dienstleistungen und Dingen lesen – oder vor dem Hintergrund der hier angedeuteten Interpretation von einschneidenden Lebenserfahrungen als existenziellen Standpunktwechseln und tiefen und vertiefenden zwischenmenschlichen Begegnungen.

Dieser tiefe nachhaltige Eindruck brachte mich zur Hospizarbeit

„Vor dreieinhalb Jahren starb eine Freundin von mir auf der Palliativstation an einem rezidivierenden Mamma-Karzinom. Von dem Zeitpunkt an, da sie wusste, dass sie sterben würde, ging sie sehr offen mit diesem Thema um. Sie beeindruckte mich zutiefst damit. Mit dieser für mich völlig neuen Sicht. Denn bis dahin kannte ich es nur, dass der Tod, dass Tote totgeschwiegen wurden. Als ich selbst im Alter von 19 Jahren ganz plötzlich meinen Vater verlor, sprach niemand mit mir ‚wirklich' darüber. Und es wurde auch nicht über ihn gesprochen. Erst knapp 30 Jahre später erkannte ich durch meine Freundin, wie falsch das war, wie man dies damals ‚handhabte'. Bei meinem ersten Besuch auf der Palliativstation war ich kleinmütig und feige und wagte es kaum, mich der Situation zu stellen. Sie redete mir gut zu und half mir, mich zu verabschieden. Dieser tiefe, nachhaltige Eindruck von dem offenen Umgang mit dem Tod und Sterben brachte mich ein halbes Jahr später dazu, die Ausbildung als Hospizbegleiterin zu machen und mich im Hospizverein zu engagieren."

Wie habe ich Zugang gefunden?

Die Hospizidee bezieht sich auf die Gastfreundschaft (lat. *hospitalitas*) auf der letzten Wegstrecke des Lebens. In stationären Hospizen werden Patienten ganz selbstverständlich als „Gäste“ bezeichnet. Darin schwingt die Einsicht mit, die George Steiner einmal formuliert hat: „Wir sind Gäste des Lebens.“ Die gastfreundschaftliche Haltung zeichnet sich aus durch Offenheit, Freundlichkeit, Wohlwollen, Respekt gegenüber und Interesse an dem Fremden.

Wie bekomme ich Zugang zu dem anderen, der mir fremd ist? Das ist eine entscheidende Frage, die sich die ehrenamtlichen HospizmitarbeiterInnen stellen (müssen):

> *„Als Ehrenamtliche fällt es mir nicht immer leicht, den Zugang zu finden. Es wird aber immer besser nach all den Jahren (10 Jahre). Ich hatte es mal wieder gut geschafft, den Zugang zu einer Bewohnerin herzustellen. Wir verstanden uns sehr gut, von Mal zu Mal freuten wir uns auf die gemeinsame Zeit. Eines Morgens befanden wir uns im Gespräch. Da sagte sie: ‚Ich glaube, ich habe heute Zeit zu gehen.‘ Mir blieb das Herz stehen. Ich war unsicher. Sie gab mir ihre Hände, bedankte sich für die schöne Zeit, die wir hatten – und schlief einfach ein. Danach fand ich einigermaßen leichten Zugang zu unseren Bewohnern und den Angehörigen.“*

Manchmal findet sich der Zugang erst beim zweiten Anlauf:

„Begleitung einer behinderten jungen Frau im Krankenhaus. Am ersten Tag fand ich keinen Zugang. Ich versuchte möglichst viel von ihr zu erfahren durch die Betreuerin im Heim. Eltern waren bereits verstorben, sie malte gerne und wickelte gerne Wolle auf. Bei meinem nächsten Besuch im Krankenhaus brachte ich ihr Malbücher und Wolle mit. Damit fand ich einen guten Zugang. Sie hatte eine offene hochinfektiöse Wunde. Der behandelnde Arzt meinte, es gehe ihr gut. Zwei Tage nach meinem Besuch und dem Gespräch mit dem Arzt war sie gestorben.“

Zugang finden zu dem fremden Menschen ist eine wichtige Voraussetzung für die Begleitung. Das Hospiz – für viele Wunschort des Sterbens – ist für den „Gast“ zugleich fremdes Terrain. Ebenso wie die Palliativstation, das Pflegeheim, das Krankenhaus. Die Orte, an denen ehrenamtliche Hospizbegleitung stattfindet, sind ebenso unterschiedlich wie die Situationen. Sterbende begleiten – das kann beim einen heißen, eine ehemalige Prostituierte, aidskranke junge Frau in einem fensterlosen Hinterzimmer im Bahnhofsviertel aufzusuchen – und Aggression und Abweisung zu erfahren. Es kann heißen, in einer Villa in gutbürgerlichem Milieu den Sterbenden alleine in einem Dachzimmer vorzufinden. (Die Söhne sind zum Sport gegangen, die Ehefrau zum Einkaufen. Nur das Personal ist da.) Es kann heißen einer 89-jährigen Frau im Pflegeheim zu begegnen, die nicht mehr ansprechbar ist. Oder es kann eine Begleitung auf einer Intensivstation sein, bei der die Ehrenamtliche Zuschauerin wird eines hilflosen Entscheidungsprozesses der Angehörigen – um die Frage: Weiterbehandlung ja oder nein?

Die unterschiedlichen Situationen des Zugang-Findens beginnen stets mit der Ausgangserfahrung der Fremdheit.

„Ich meine, es fällt mir nicht so schwer, Zugang zu Hospizgästen zu finden. Komme ich ins Zimmer, versuche ich, Atmosphäre zu ‚erspüren': Leicht gemacht wird es über die Abfrage nach dem Essenswunsch (ich mache Hospizarbeit in den Abendstunden von 16.30 bis 20.00 Uhr). Auch über Blumen im Zimmer oder Dekorationen an den Wänden, auf die ich zu sprechen komme, fällt der ‚Zugang' zum Gast nicht so schwer. Zu einem Gast habe ich vor einigen Monaten einen besonders vertraulichen Zugang gehabt, wir haben uns gut verstanden. Bei einem Gespräch mit ihr kamen wir auf ihr offenes Bein zu sprechen."

Beim Betreten des Zimmers desjenigen, der begleitet werden soll, stellt sich die Ehrenamtliche/der Ehrenamtliche in ihrer/seiner Rolle vor:

„Der erste Besuch bei meiner zu begleitenden Person. Angekündigt als nicht sehr zugängliche Frau, der sich der Besuch einer Hospizbegleiterin nicht ganz erschließt. Bei der Begrüßung wird aus anfänglicher Skepsis mir gegenüber seitens der Frau bei meiner Erklärung, dass sie mich nicht kennt, ich vom Hospizverein komme und sie, wenn wir uns im Laufe meines Besuches sympathisch finden, in Zukunft einmal wöchentlich besuchen kommen würde, ein offener Blick und die Bekundung, dass sie sich sehr darüber freuen würde. Mein Gemütszustand war aufgrund vorangegangener Ereignisse in der Woche nicht der beste. Als ich Frau NN verließ, spürte ich auf dem Heimweg einen totalen Wandel: Die innere Schwere war weg. Freude, Glück und Wärme waren an die Stelle getreten."

Zugang zu finden bedeutet für Ehrenamtliche, sich in ihrer Rolle und ihrer Haltung sichtbar zu machen, die Bedürfnisse des zu Begleitenden zu thematisieren, Vertrautheit zu schaffen: „Darf ich mich zu Ihnen setzen?“ Das drückt aus: „Ich bin jetzt da. Ich habe Zeit und komme nicht zwischen Tür und Angel. Ich möchte Gast in deinem Haus sein.“

Eine Kontaktaufnahme mit Blicken:

> *„Mit der Koordinatorin stand ich am Bett eines alten Mannes, der vor kurzer Zeit sterbend war, sich aber wieder erholt hatte. Er ist schweigsam, wurde mir gesagt. Wir nahmen Blickkontakt auf. Er reichte mir die Hand, es ließ sich gut an.“*

Die Ambivalenz zwischen Fremdheit und notwendigem Vertrauen ist ein konstitutives Element der Hospizbegleitung. Vertrautheit und Beziehung entstehen vor allem durch den Blickkontakt und die Haltung des Zuhörens.

> *„Bei einem Besuch von Frau NN, die ich regelmäßig in einem Altenheim besuche, geschieht Folgendes (vorab noch: Frau NN hat Vertrauen zu mir und freut sich, wenn ich komme, warum weiß ich nicht so genau) – ich finde es spannend, von ihr über ihre Zeit als junges Mädchen, die sie als Magd und Dienstmädchen erlebt hat, zu hören – sie erzählt, und ich rede wenig ...“.*

In diesem letzten Satz öffnet sich eine Dimension der „hospizlichen Haltung“: „Sie erzählt, und ich rede wenig.“

Zugang finden ist auch ein Thema in der folgenden Erzählung über eine Patientin auf einer Palliativstation:

> *„Frau NN sitzt im ‚Wohnzimmer‘ der Palliativstation und trauert. Ich darf mich zu ihr setzen. Ihr ‚Raucher-Kollege‘, Herr NN, ist in der Nacht gestorben. Frau NN hat kein Gegenüber mehr im Wohnzimmer.*

Nach einer Zeit des gemeinsamen Schweigens erzählt sie, sie habe noch gestern am Nachmittag Herrn NN gegenübergesessen. Es sei ihm schlecht gegangen, das habe sie gespürt. Ca. 30 Minuten habe sie mit sich selbst gerungen und dann ihre Hand auf seine gelegt. Er – der recht ‚grimmig' war – hat es zugelassen. So seien sie einige Zeit gesessen. Frau NN wurde müde. Vor dem Verlassen des Wohnzimmers sagte sie zu Herrn NN: ‚Ich hab' dich lieb.' ‚Der Herr NN hat irgendwas gebrummt', erzählt sie mir. Ich staune, sage ihr, sie haben Herrn NN etwas Großes und Wertvolles gegeben. Sie fragt, ob Herr NN im Meditationsraum liege. Ja. Sie bittet mich, sie zu ihm zu begleiten. Gemeinsam gehen wir hinüber. Stehen Arm in Arm vor dem Toten. Sie spricht mit ihm. ‚So ein Guter, Lieber warst du', sagt sie."

Wie kann ein Zugang entstehen, wenn Begleitungen nur kurz andauern und das Gegenüber – der Mensch, der in der Sterbephase ist – sich nicht mehr mitteilen kann?

„Eine kurze Begleitung im Pflegeheim bei einer Dame, die mir im Heim als ungepflegt und unruhig beschrieben wurde. Als ich kam, war das auch so, sie war schwach und sehr armselig lag sie vor mir. Sie sprach nicht mehr und ließ Berührung nicht zu. Ich habe leise zu ihr gesprochen, bei ihr gesessen, war einfach nur da und wurde ruhiger. Am nächsten Tag war sie säuberlich gebettet, sie lag auf bequemen Kissen, atmete schwer, aber ruhig. Es spielte leise Musik, man hatte sie im Doppelzimmer hinter einer spanischen Wand liebevoll und bequem gelagert. Ich konnte zu ihr reden, sprach behutsam ein Gebet und es ging eine solche Ruhe von ihr aus und auf mich über. Es erschloss sich eine Dimension des Hinübergehens, der Erlösung, die mich mit dieser fremden Frau verband. Ich glaube, sie konnte erlöst und schmerzfrei gehen. Sie starb am nächsten Tag. Ich war tief beeindruckt und bin es bis heute."

Eine andere Geschichte erzählt von einer 89-jährigen dementen Frau:

> *„Am Tag vor ihrem Tod (ich hatte sie in den letzten Wochen sechsmal in der Woche besucht, um ihr Kontinuität und Verlässlichkeit zu geben) trat eine Träne in ihr Auge, und ich habe sie nicht getrocknet und frage mich noch gelegentlich, habe ich ihr gutgetan? Denn eine Rückmeldung mit Worten oder Reaktionen oder Gesten habe ich nicht erhalten, und war es eine Träne, die Zuwendung gewünscht hatte? Oder nur ein Reiz im Auge?"*

Zugang finden – das bedeutet auch, den Anderen zu *verstehen*:

> *„Jedes Mal, wenn ich sie – meine Tante, die bis in hohe Alter stolz darauf war, ihr Leben selbständig gemeistert zu haben – besuchte, entschuldigte sie sich bei mir dafür, dass sie immer noch lebte und mir ‚so viel Arbeit' macht. Alle meine Beteuerungen, dass ich sie gern besuchen würde und sie mir keine Arbeit mache, stießen bei ihr auf taube Ohren. Ich verzweifelte nunmehr darin, dass ich nicht vermitteln konnte, dass sie keine Last sei. Bis ein Freund mir riet, zu akzeptieren, dass sie dieses Gefühl hätte. Ich sollte stattdessen Verständnis zeigen, dass sie unter dem Verlust ihrer Selbständigkeit litte und sich ‚als Last fühlt': ‚Ich kann verstehen, dass du so fühlst. Das muss auch schwer sein für dich …'"*

Man holte mich, um zu ihr einen Zugang zu finden

„In unserem stationären Hospiz lag eine Dame. Sie sprach kein Wort und ihr Gesichtsausdruck war starr. Man holte mich, um zu ihr einen Zugang zu finden. Ich stellte mich vor und sagte, ich würde, wenn sie möchte, regelmäßig kommen und sie besuchen. Sie griff spontan meine Hand und hielt sie fest. Nach einiger Zeit erzählte sie mir ihre Lebensgeschichte (einen Teil). Danach war ich erstarrt, denn es war auch meine eigene. Mein ganzes schreckliches Leben breitete sich vor mir aus, es war kaum auszuhalten. Ich ging immer wieder zu ihr und es war wie ein Fortsetzungswerk. Sie hielt meine Hand und fing sofort an zu erzählen. Sie sprach nur zu mir, sonst war sie stumm. Ich habe sie an dem Tag, als sie starb, besucht und mit ihr gesprochen, sodass sie im Tod ein Lächeln auf dem Gesicht hatte. Für mich war das ein Geschenk. Ich habe durch diese Begleitung begriffen, was ich für eine starke Frau bin. Danke.“

... da ich mich von der Bürokratie blockiert fühle

„Aktuell begleite ich einen Mann aus der Psychiatrie, der seit seinem 20. Lebensjahr in geschlossenen Einrichtungen lebt, weil er an einer Psychose leidet. Er ist an Krebs erkrankt und befindet sich im Endstadium. Meine Besuche in der Einrichtung, in der er lebt, haben eine Vertrautheit entstehen lassen. Zu meinem Bedauern weiß er nicht, dass ich vom Hospizdienst bin; das wird seitens der Einrichtung nicht gewünscht. Ich möchte meinerseits gerne mit ihm ehrlich sein, da ich ihn ja auf dem Weg begleiten möchte, auf dem er sich befindet. Sein gesundheitlicher Zustand hat sich vor einigen Wochen stark verschlechtert, sodass er in eine renommierte Fachklinik der Psychiatrie in NN verlegt worden ist, um medikamentös neu eingestellt zu werden. Mein Anliegen ist es, ihn auch dort zu besuchen. Nach mehreren Telefonaten mit der dortigen Pflegedienstleitung bin ich immer wieder mehr oder weniger abgewiesen worden, ihn dort zu besuchen, da er nicht in „alten Geschichten wühlen“ soll. Aus meiner hospizlichen Ausbildung und anderen Fortbildungen weiß ich aber, dass es besonders wichtig ist, am Ende des Lebens reinen Tisch zu machen, unbewältigte Ereignisse aus dem Leben zu klären, um in Frieden gehen zu können. Mittlerweile ist diese Begleitung für mich sehr wichtig, ich möchte diesen Menschen gern begleiten. Leider weiß ich momentan nicht, wie ich dies bewerkstelligen soll, da ich mich von der Bürokratie blockiert fühle.“

Man konnte überhaupt nichts machen und ich wusste auch gar nichts

„Der Patient war 85 Jahre alt, lebte schon viele Jahre bei uns, im Altenheim. Man konnte ihn nicht allcine lassen, weil er war immer in Bewegung. Er ist aus dem Bett gefallen. Er war immer in Bewegung und hat auch nichts mehr angenommen, war nicht ansprechbar. Er war immer woanders. Man konnte ihn nicht beruhigen, auch nicht berühren. Das war überhaupt nicht möglich. Also es war immer – Tag und Nacht – jemand da. Dann haben wir den Raum verändert, die Möbel verrückt, rausgeschoben und haben den Fußboden als großes Bett gemacht mit ganz vielen Matratzen.

Er ist immer gelaufen. Er ist immer gelaufen. Er lief! Und das konnte sich kein Mensch erklären. Ich habe das dann mit den Angehörigen besprochen und wir dachten, es sei vielleicht ein Kriegserlebnis der Grund. Es war so, so schwer. Die Kinder, die Angehörigen, wussten nichts von irgendwelchen Kriegsgeschichten. Das hatte ich nur angenommen. Das haben wir aber nicht mehr rausgefunden. Für mich war das schlimm! Man konnte überhaupt nichts machen und ich wusste auch gar nichts. Man konnte ihn mit nichts zur Ruhe bringen. Ich arbeite sonst sehr viel mit den Händen, mit Handauflegen, und das ist total super. Das hilft den Patienten ganz gut. Die allermeisten sind sehr dankbar über diese Berührungen. Aber da hat es überhaupt nicht funktioniert. Der Mann ist dann nach ein paar Tagen aus Erschöpfung gestorben."

Die Geschichte einer Frau mit Mundkarzinom im Akutkrankenhaus

„Fragestellung: Was braucht sie, um zu Hause sein zu können? Wie kann sie schmerzmäßig gut eingestellt werden? Welche Möglichkeiten der menschlichen Begegnung will sie?

Die Auftaktbegegnung war wie ein Aha-Moment für uns beide. Da sie sehr schlecht sprechen konnte – wegen ihres Tracheostomas – begann ich nach kurzer Vorstellung meiner Person, mein Musikinstrument zu spielen. Sie schloss ihre Augen und ‚begab sich auf eine Reise'. Nach etwa zwanzig Minuten machte sie die Augen auf und erzählte von ihrem Erlebnis. Sie war auf einem Pferd durch die Steppe von Kasachstan geritten. Dieses Erlebnis erzählte sie so anschaulich und lebendig, dass ich dachte, sie hätte das wirklich erlebt. Sie sagte aber, dass sie nur viele Reiseberichte angeschaut hatte. Sie verknüpfte diese beiden Erfahrungen miteinander. Jedes Mal wieder neu.

- Eine Ballonfahrt über die Alpen.
- Eine Landung mit dem Ballon in einem violettfarbenen Lavendelfeld.
- Eine Reise durch sämtliche ihrer Wohnungen, in denen sie jemals gelebt hatte.

Sie sagte, diese Erfahrung habe ihre Seele zum Leben erweckt."

Ein Infarkt hatte sie halb gelähmt und sprachlos zurückgelassen

„Meine ‚Arbeit' als Hospizhelfer begann mit dem Sterben bzw. Lebensende meiner Schwiegermutter. Sie die letzten vier Monate ihres Lebens zu begleiten, war mir prägendes Erlebnis für den persönlichen tiefen Gewinn, der aus einer solchen besonderen Partnerschaft erwachsen ist. Möglicherweise war dieses Er-leben deshalb so intensiv, weil ich den Tod meiner eigenen Mutter nur aus dem Telefon erfahren habe. Sie starb im Krankenhaus, während wir ‚unsere Oma' zuhause behielten. Ein Infarkt hatte sie halb gelähmt und sprachlos zurückgelassen. Ihre Wahrnehmungsfähigkeit nahm rapide ab. Andererseits aber konnten wir – durch beiderseitige Geduld und mit viel Zeit – ein neues Kommunikationssystem aufbauen. Ich konnte erleben, wie aus einer Frau mit zähem Überlebenswillen ein Mensch wurde, der sich mit seinem Lebensende arrangierte.

Undenkbar, dass sie mich ‚zu Lebzeiten' hätte sie von oben bis unten waschen, wickeln, bekochen und füttern lassen. Der ‚offizielle' Abschied von ihren sieben Kindern und vielen Enkeln war sehr ergreifend und zu Herzen gehend. Aber sie tat dies mit scheinbar klarem Kopf und sehr ruhig, strahlte dabei auf die Anwesenden eine große Gelassenheit aus.

Sie starb an einem Morgen, kurz nachdem sie für den Tag eine neue Wäsche angezogen bekam.

Meine Erfahrungen mit Hospiz-Bewohnern waren/sind im Gegensatz zu dem Erlebnis mit Oma immer mit offenem Ende verlaufen. Ich konnte mit den Menschen gut in Kontakt kommen, um jeweils beim nächsten Gesprächstermin erfahren zu müssen, dass die Betroffenen gestorben waren."

Wie die Augen strahlen, wenn ich den Raum betrete

„Ich lerne Frau NN kennen, sie lebt im Pflegeheim. Sie erzählt anfangs kaum etwas, weint immer. Für mich gestaltet sich diese Begleitung wie ein Wunder. Ich kann erleben, wie sich das Bild wandelt, denn plötzlich erkenne ich, wie sie ein tiefes Vertrauen aufbaut und im Laufe der kurzen Zeit mir ihre ganze Lebensgeschichte erzählt. Wie die Augen strahlen, wenn ich den Raum betrete. Es berührt mich heute noch, wenn ich daran denke, denn hier konnte ich auch in der Sterbestunde bei ihr sein."

Bleiben Sie hier, gehen Sie nicht weg

„Ein Herr Mitte 70. Ich wurde zu ihm gerufen, weil er der Verzweiflung nahe, mehrmals dem Sterben nahe war. Aber sobald die erwachsenen Kinder kamen, war er quietschfidel. Innerhalb von 14 Tagen habe ich fünf Nächte bei ihm verbracht. In einer Nacht fing er mit mir an zu toben und schrie, ich sei ein Lügner, ich solle verschwinden, ‚hauen Sie ab, ich will Sie nicht mehr sehen!' So etwas hatte ich davor nie erlebt. Ich sagte mir, was da in ihm abläuft, das hat mit mir ja nichts zu tun. Für ca. 15 Minuten ging ich auf dem Flur auf und ab. Als ich das Zimmer wieder betrat, schlief er. Aber wieder aufgewacht, sagte er zu mir: ‚Bleiben Sie hier, gehen Sie nicht weg.' (‚Welch Geheimnis ist ein Kind. Welch Geheimnis ist ein Sterbender', C. Brentano). Vieles entzieht sich meinem Verstehen. Für mich ist es wichtig, nur da zu sein und auszuhalten, nicht mehr tun zu können."

Ich habe gelernt, was nonverbale Kommunikation bedeuten kann

„Die Koordinatorin fragte mich als Hospizbegleiterin, ob ich bereit wäre, eine Demenzpatientin zu begleiten. Die Patientin ist seit drei Jahren bettlägerig, spricht nicht mehr, wird von der Tochter, einem ambulanten Pflegedienst und dem SAPV-Team betreut. Ich hatte noch nie zuvor einen Patienten mit Demenz begleitet, sah es aber als Herausforderung an. Die pflegende Tochter bat mich einmal pro Woche ein bis zwei Stunden bei der Mutter zu ‚sein', evtl. was vorzulesen, Musik zu hören. Gedichte hat sie früher gerne gelesen, von Rilke bis Eugen Roth. Also begann ich mit Gedichten von Roth, legte meine Hand beim Vorlesen neben die Hand der Patientin. Nach der dritten oder vierten Lesestunde nahm meine Patientin meine Hand, sagte kein Wort, aber sah mich an. Wir hörten auch Musik zusammen und dieses Handhalten wurde ein Ritual. Ich versuchte auch in den Gesichtszügen, in den Blicken der Patientin zu lesen. Es war durchaus Mimik vorhanden. Ich konnte Schmerzempfinden, Müdigkeit oder Zufriedenheit/Unzufriedenheit erkennen, dies hatte ich mir nicht vorstellen können. Ich habe gelernt, was nonverbale Kommunikation bedeuten kann – es funktioniert!"

Er holte aus einer Schublade mehrere Alben

„Ich wurde zu einer alten Dame (Gehirntumor im Endstadium) gerufen. Sie lebte mit ihrem Sohn zusammen, ca. 55 und in Tränen aufgelöst, völlig haltlos. Nach einiger Zeit habe ich ihn gefragt, ob es Familienbilder gibt, anhand derer er mir seine Mutter vorstellen kann. Er holte aus einer Schublade mehrere Alben und erzählte dann über eine Stunde lang Familiengeschichten, an die er sich aufgrund der Fotos erinnerte. Er war dann ruhig und erfüllt von seinen Erinnerungen. Als ich ging, kam sein Bruder gerade an.“

Enttäuschend …

„Ein halbes Jahr Begleitung eines katholischen Priesters. Kein einziges Mal konnte ein tieferes persönliches Gespräch geführt werden über spirituelle Themen zu Krankheit, Tod … Mehrere Ansätze dazu verliefen im Sand und Allgemeinfloskeln. Enttäuschend für mich, ich hätte es für uns beide sehr spannend gefunden.“

Wie bin ich da?

Ehrenamtliche als Vermittler zwischen Leben und Sterben

Es ist der erste Besuch und ihre erste Begleitung. Auch das erste Mal, dass sie einen toten Menschen sehen wird. Die Ehrenamtliche betritt das Einfamilienhaus und wird vom Ehemann begrüßt. Die sterbende Ehefrau liegt im ersten Obergeschoss. Ihr schweres Atmen ist im ganzen Haus zu hören. Der Mann ist überfordert: „Hören Sie sich das an!“ Auch der Sohn hält es nicht aus. Der verabschiedet sich, verlässt das Haus. Der Arzt ist bereits auf dem Weg. Die Hospizbegleiterin und der Mann betreten das Zimmer der Frau, die sich immer wieder in ihrem Bett aufbäumt. Schließlich kommt der Arzt, verabreicht eine Spritze, sie wird ruhiger. Der Ehemann spricht über Kommunalpolitik, Verkehrspolitik – aber er kann nicht lange im Zimmer bleiben. Die ehrenamtliche Begleiterin beruhigt ihn: „Sie können gehen, ich bleibe hier.“ Der Mann verlässt das Zimmer. Nach fünf Minuten ein letztes Aufbäumen, die Augen sind weit aufgerissen, dann sinkt sie zurück und stirbt. Der Ehemann, zurück im Zimmer, wäscht seiner verstorbenen Frau das Blut aus dem Gesicht.

Die sich eben noch Fremden sitzen gemeinsam am Bett der Verstorbenen. „Alles ist ruhig. Ich höre die Vögelchen vor dem Fenster zwitschern“, schreibt die Ehrenamtliche in ihrer Geschichte. Die Totenstille löst sich im Gesang der Vögel auf. Der Ruf des Lebens ist nicht erloschen.

Ehrenamtliche können eine Brücke sein zwischen Leben und Tod, zwischen Angehörigen und Sterbenden. Die Anwesenheit der Hospizbegleiterin ermöglicht es dem Ehemann, vor dem Unerträglichen, Ungeheuerlichen zurückzuweichen, um sich dann wieder anzunähern und sich – im Beisein der Hospizbegleiterin – von seiner verstorbenen Frau zu verabschieden.

Eine auseinanderbrechende Familie: Auch hier ist die Ehrenamtliche Vermittlerin. Ein 50-jähriger Mann liegt im Sterben. Er leidet an einem Gehirntumor. Die Ehrenamtliche beschreibt die Situation: „Die Kopfschmerzen mit Klinikaufenthalten und Arbeitsaufenthalten konnte die Frau schwer ertragen, sie verstanden sich nicht mehr und die Frau war schon ausgezogen zu einem Freund/Arbeitskollegen." Der Sohn steht vor dem Abschluss seines Studiums und „powert sich beim Sport aus, um dem langen Sterben des Vaters nicht ausgesetzt zu sein". Nachdem der Mann verstorben ist, übernehmen die Ehrenamtliche und der Hospizdienst, im Einverständnis mit den Hinterbliebenen, die Verantwortung für eine Verabschiedungsfeier, bei der alle – die Familie und ehemalige Arbeitskollegen, Nachbarn und Freunde – zusammenkommen.

Die Vermittlungsrolle, die Ehrenamtliche einnehmen, wird auch in diesen Geschichten sichtbar:

Herr NN war sichtlich erleichtert

„Ein Sterbender in einem Altersheim äußert eine Sorge. Seine Frau darf für eine Nacht in sein Zimmer kommen, in einem Extrabett bei ihm übernachten. ‚Was soll ich bloß mit ihr reden? Ich weiß es nicht.' Meine Antwort: ‚Ach, wissen Sie, Herr NN, wenn Sie so lange mit Ihrer Frau verheiratet sind, brauchen Sie gar nichts sagen. Vielleicht sagt Sie etwas.' Herr NN war sichtlich erleichtert und fiel entspannt auf sein Kopfkissen zurück. Ihm war die Verantwortung genommen und ich war froh, dass ich ihn mit meiner Äußerung entlastet hatte."

Durch meine regelmäßigen Besuche fühlt sich die Tochter nicht mehr ständig unter Druck

„Ich begleitete eine alte Dame (ca. 90 Jahre alt), die im Altersheim lebte und ein schwieriges Verhältnis zu ihrer Tochter hatte, die sie aber selten besuchte. Meine Begleitung erstreckte sich über einen Zeitraum von gut einem Jahr, in dem ich viele Gespräche mit der alten Dame führte, mit ihr spazieren ging. In dieser Zeit fand eine Veränderung zwischen Mutter und Tochter statt. Durch meine regelmäßigen Besuche fühlte sich die Tochter nicht mehr ständig unter Druck, sich um ihre Mutter ‚kümmern' zu müssen. So konnte sie wieder freier in Bezug zu ihrer Mutter werden, was zur Folge hatte, dass sie sich, bevor die alte Dame starb, mit ihrer Mutter versöhnen konnte. Ich glaube, dass die alte Frau dadurch auch leichter sterben konnte."

Ihre Frau möchte keine Grippeviren bringen

„Ein freundlicher, bescheidener und aufgeschlossener Bewohner bat mich, seine Frau anzurufen, da sie ihn seit dem Aufenthalt im Hospiz noch nicht besucht hatte. Die Frau erklärte mir, sie komme in das ‚Sterbehaus' nicht, weil sie zu sensibel sei. Dem Mann berichtete ich ausweichend: ‚Ihre Frau möchte keine Grippeviren bringen.' Da lächelte der Bewohner und lobte seine rücksichtsvolle Frau. Nun äußerte er den Wunsch, ein Foto zu bekommen, worauf er zu sehen war, wie er einen großen Fisch gefangen hat. Die Ehefrau weigerte sich, das Bild herauszugeben, da der Mann ja sterbe und sie das Foto nicht wiederbekomme. Ich habe ihm ein Bild mit dem Motiv gemalt und er freute sich."

Haltung im ehrenamtlichen Selbstverständnis

Die hospizliche Haltung bestimmt seit den Anfängen das Selbstverständnis der Hospizarbeit. Sie ist *das* Unterscheidungskriterium der Hospizarbeit im Feld von Palliative Care. An der Frage der Haltung scheiden sich buchstäblich die Geister. Es kann kein Zweifel daran bestehen, dass es sich in der Hospizarbeit *nicht* um eine Haltung einer strengen kausalen Logik und Ordnung handelt. Es geht nicht um Uniformierung und Gleichförmigkeit, wie beim militärischen Korpsgeist, der die Art und Weise des Stehens, Gehens oder Sitzens, der Körperhaltung nach einheitlichem Schema vorschreibt und Stärke, Spannung, Einsatz und Kampfbereitschaft signalisieren will. Der ritualisierte Verhaltenskodex preußisch-militärischen Drills fordert Gleichmarsch und Gefolgschaft, er will das Besondere, das Individuelle, eliminieren. Niemand soll „aus der Reihe tanzen".

Das Einüben und „Exerzieren" dieser Art von Haltung dient der (Selbst-) Disziplinierung. Schließlich soll im Ernstfall, in stressbelasteten Situationen, Funktions- und Handlungsfähigkeit garantiert sein. Deshalb braucht es bedingungslosen Befehlsgehorsam. Die soldatische Haltung ist eine formalistische, äußerliche, eine entpersonalisierte Haltung; eine Haltung, die um jeden Preis gewahrt werden muss, bis in den Tod. Noch der Verhaltenskodex des Bürgertums des 19. Jahrhunderts ist von diesem militärischen Ideal der Selbstdisziplin geprägt. Adolph Franz Friedrich Ludwig Freiherr Knigge, der Meister der Anstands- und Benimmregeln, schrieb 1788: „Was die Franzosen Contenance nennen, Haltung und Harmonie im äußern Betragen, Gleichmütigkeit, Vermeidung alles Ungestüms, aller leidenschaftlichen Ausbrüche und Übereilungen, dessen sollte sich vorzüglich ein Mensch von lebhaftem Temperamente befleißigen."[5]

5 Knigge, Adolph Freiherr (1808): Über den Umgang mit Menschen. 5. Auflage, Frankfurt und Leipzig (ohne Verlag).

Hospizliche Haltung bedeutet das Gegenteil. Hier geht es nicht um Verpanzerung. Im Selbstverständnis der Hospizarbeit bedeutet Haltung „offen und fluide sein“, „sich einlassen auf unterschiedlichste Situationen“, „frei von Erwartungen sein“, „zurückhaltend sein“, „da sein“, „aushalten“, „respektieren“, „akzeptieren“, „zuhören“, „auf Augenhöhe begegnen“, „Halt geben“. Ein Konzept für das richtige „Ver-halten“ gibt es nicht. Die hospizliche Haltung ist keine vorgestanzte Schablone, die in der Situation des Sterbens aus der Tasche gezogen wird. Das Sich-Einlassen auf immer neue, fremde Erfahrungen erfordert Aufmerksamkeit, Sensibilität, Offenheit, die Fähigkeit zuzuhören, Empathie und Interesse am anderen.

„Haltung“ taucht in den Geschichten, die die Ehrenamtlichen aufgeschrieben haben, nicht explizit als Begriff auf. Doch das, was die hospizliche Haltung im Selbstverständnis der Ehrenamtlichen ausmacht, wird in vielen Geschichten thematisiert. Beispielsweise wenn schwierige Situationen nur „ausgehalten“ werden können:

> *„Ein Gast, 54 Jahre, MS-krank, mit der ich zur Schule gegangen bin, die ich aber nach dem Abitur nie wiedergesehen hatte, kam zum Sterben ins Hospiz. Anfangs hatten wir Gespräche über vergangene Zeiten/Schulerlebnisse, Schulfreunde, Lehrer etc., später erzählte sie so nach und nach ihre Lebensgeschichte. Sie hatte nur sehr wenigen Menschen erzählt, dass sie jetzt sterbenskrank war, die meisten Arbeitskollegen dachten, sie sei ‚einfach‘ nur krank und würde im Krankenhaus genesen. Sie war ein ‚komplexer‘ Mensch, alles musste seinen genauen Ablauf haben. War ein sehr ernster Mensch, sehr kultiviert. Andere Gäste am Esstisch waren für sie schwer zu akzeptieren, wenn sie für sie unangepasste Manieren an den Tag legten. ... Es kam aus heiterem Himmel, dass sie einen Gast an-*

herrschte und ich versuchte, sie zu beruhigen. Wobei sie mich anschrie, ich dürfte gar nichts sagen, da ich ja noch nichts durchgemacht, erlebt hätte. Alle sahen mich an ... Ich blieb ruhig ... Sie kannte mich nicht ... Sie kannte nicht meine Lebensgeschichte ..., aber die Hauptamtlichen, die mit am Tisch saßen, kannten mich, meine Lebensgeschichte, wussten, dass ich wohl Leid kenne ... Später war mir ganz klar und da wurde es mir noch mal deutlich ... es geht um den Sterbenden, ich darf mich persönlich nicht angreifen lassen, es sind Ausnahmesituationen, man darf sich nicht persönlich angegriffen und gekränkt fühlen. Wir sind hier um zuzuhören, um da zu sein, zurücknehmen, einmal aushalten und gut. Die Kranken sind die Akteure, man selbst kann nur tragend sein, nur Halt geben."

Manchmal ist es auch die „Haltung" der zu Begleitenden, die die Ehrenamtlichen beeindruckt:

„Eine Begleitung, über die ich immer noch nachdenke, liegt zwei Jahre zurück. Es war die längste. Sie dauerte von August bis März des nächsten Jahres und betraf Herrn NN hier im Hospiz. Er war schwer krank und konnte nicht mehr sprechen (Kehlkopfkrebs). Ich musste bei jedem Besuch Schutzkleidung anlegen. Er schrieb seine Wünsche oder Antworten auf meine Fragen auf. Er hatte keine Verwandten oder nähere Bekannten, war mittellos und bekam nur ein Taschengeld. Trotz dieser Probleme war er selten mürrisch oder ungehalten, machte Pläne und hoffte sehr lange, dass es ihm bessergehen würde. Mir hat seine Haltung immer und bis zuletzt imponiert."

Die Rollenerwartungen in der ehrenamtlichen Hospizarbeit

Ehrenamtliche HospizbegleiterInnen „spielen“ in der Begleitung von Menschen am Lebensende unterschiedliche „Rollen“. Rollen entstehen in sozialen Interaktionen: Sie werden geprägt von impliziten und expliziten Erwartungen. Sterbende sollen ihre Situation akzeptieren, das Leben „loslassen“: Auch das ist eine Rollenerwartung im Feld von Palliative Care. Aber was, wenn der Sterbende sich nicht mit der von ihm erwarteten Rolle abfinden will? Was, wenn der Patient (lat. *patientia* = dt. Geduld), sich nicht in seine Rolle fügen will?

Sich der eigenen Erwartungen (an sich und an andere) bewusst zu werden, ist eine anspruchsvolle Aufgabe in der hospizlichen Begleitung. Bisweilen ist es nicht einfach, sich über gegenseitige Erwartungen klar zu werden und die eigene Rolle zu finden:

> *„Bei meinem nächsten Besuch fand ich die Tochter des alten Mannes vor, die sich, sichtlich freudig erregt, auf einen Gang in die Stadt vorbereitete. Ich war mit dem Mann allein. Er wollte nicht, dass ich im gleichen Zimmer sitze, kein Wort, kein Blick – im Fernsehen lief das 2. Programm. Herr NN isolierte sich immer mehr, sprach auch mit seiner Tochter nicht, nicht mit den Leuten vom Pflegedienst. Meine Besuche im Haus erforderten immer mehr Willenskraft. Es gab das eine oder andere Gespräch mit der Tochter, die sich auch persönlich in einer schwierigen Situation befand. Ich holte mir Hilfe – nach anderthalb Jahren – und nun grübelten wir zu zweit: ‚Warum spricht der Mann nicht?‘ Für mich wurde die Begleitung unerträglich. Ich stieg aus.*

Später nahm ich an der Beerdigung teil, ein Abschluss, aber kein endgültiger Abschluss. Ich denke viel nach über meine Rolle in dieser Geschichte."

Für die Ehrenamtliche bedarf es einer großen Willensanstrengung, um die Situation auszuhalten, um dabeizubleiben. Die undurchdringliche Mauer des Schweigens führt aber schließlich zum Motivationsverlust. Sie gibt auf. Die Situation wird für sie „unaushaltbar".

Oft berichten die Ehrenamtlichen dagegen von positiven Erfahrungen: von großer Nähe, die sie erlebt haben, von intensiven Begegnungen. Doch immer sind die Rollen der HospizhelferInnen und der zu Begleitenden von einer radikalen Gegensätzlichkeit geprägt:

Hier bin ich, da bist du.
Wir sind in gänzlich verschiedenen Lebenssituationen.
Ich lebe noch und überlebe dich und du wirst sterben.
Ich bin gesund und du bist schwerkrank.
Ich bin orientiert und du bist möglicherweise desorientiert.
Ich bleibe in dieser Welt und du wirst sie verlassen.

Manchmal befinden sich Ehrenamtliche in der Begleitung „zwischen allen Stühlen". Sie geraten in komplexe Familiendynamiken, die die Findung einer eigenen, klaren Rolle erschweren: „Ehemann, 87 Jahre alt, palliativ, mäßig betreut, sehr religiös, Ehefrau beansprucht vorrangig Zugang zum Ehemann; sie sei erster Ansprechpartner für Ehemann. Angst der Ehefrau, es könnten familiäre Geheimnisse ausgeplaudert werden. Sehr ambivalentes Verhalten der Ehefrau; einerseits dankbar über hospizliche Begleitung, andererseits skeptisch und unsicher: Was bespricht diese Frau mit meinem Ehemann? Ich stehe doch an erster Stelle. Ehemann verstarb, als Ehefrau mal nach Hause gegangen war."

Oder: Ein Mann liegt im Sterben. Er möchte nicht, dass die ehrenamtliche Begleiterin mit seiner Ehefrau über das Sterben spricht. Wie kann die Ehrenamtliche mit einer solchen Erwartungshaltung umgehen? Der Mann spricht offen mit der ehrenamtlichen Begleiterin über sein Sterben – nicht mit seiner Frau. Das Gespräch mit der Ehrenamtlichen scheint ihm gutzutun: „Ein Knoten löst sich." Die Hospizhelferin muss einen Umgang finden mit der ambivalenten Rollenerwartung. Sie respektiert den Wunsch des Ehemanns und kann Verständnis für ihn aufbringen:

> *„Ich spüre, wie wichtig es für Sterbende ist, einen Gesprächspartner zu haben, dem sie sich anvertrauen können. Das ist oftmals leichter mit einem Menschen, der emotional nicht im Familienverband eingebunden ist."*

Der Abschied ist so schmerzhaft, dass der Ehemann sich nicht imstande sieht, seine Frau in einem offenen Gespräch mit seinem Sterben zu konfrontieren.

Die Rollen von Ehrenamtlichen verändern sich in der Begleitung. Geht es am Anfang vielleicht vor allem um häusliche Entlastung, so kann sich mit der Zeit daraus ein wichtiges Vertrauensverhältnis entwickeln. Ehrenamtliche Hospizarbeit – das ist ganz wesentlich Beziehungsarbeit. Die existenzielle Situation des Sterbens ermöglicht intensive Begegnungen und eine Vertrautheit, wie sie in alltäglichen Begegnungen zwischen Fremden wohl kaum zu finden sind. Diese Nähe kann durchaus – und davon berichten die Ehrenamtlichen immer wieder – bei Ehepartnern Verunsicherung bis hin zu Eifersuchtsgefühlen auslösen:

„Herr NN litt an einem nicht mehr heilbaren Lungenkarzinom und wurde vom Palliativ-Care-Team des Hospizes palliativ betreut. Ich übernahm seine Begleitung Anfang Dezember 2011. Er starb Ende Januar 2013. Anfangs besuchte ich Herrn NN einmal in der Woche für jeweils zwei bis drei Stunden. Es ging in erster Linie um die Entlastung der Ehefrau, und das war auch während der ersten Wochen meine Hauptaufgabe, da Herr NN aufgrund der veränderten Medikamentierung ziemlich schläfrig war. Zu der Zeit gab es wenige Gespräche, bis auf die über die von ihm immer wieder ausgedrückte Hoffnung, dass er das Grün des Frühjahres noch gerne einmal erleben würde. Nach einiger Zeit verbesserte sich sein körperlicher Zustand merklich, sodass er jetzt nahezu durchgängig ‚arbeiten' konnte, und zwar zuerst an diversen Bausätzen von Fisher-Technik: So baute er z. B. LKWs mit Hänger, Riesenkrane und Schaufelbagger, die alle fernzusteuern waren. Wenn ich ihn besuchte, durfte, nein, musste ich mit den fertigen Geräten hantieren. Er hatte großen Spaß daran, mich mit den recht komplizierten Schaltungen vertraut zu machen und amüsierte sich, wenn ich mich dabei ungeschickt anstellte. D. h., dass im Laufe der Monate aus der reinen ‚Anwesenheit' meinerseits und der Entlastung der Ehefrau eine große Vertrautheit zwischen uns entstanden war, die Frau NN manchmal leicht ‚eifersüchtig' beäugte."

Die Intensität der Beziehungen in der Hospizarbeit reicht bis hin zu Liebe und Verliebtheit. Ein ehrenamtlicher Begleiter berichtet:

„Sie sagte, sie habe sich in mich verliebt. Ich kann ihre Gefühle nicht erwidern, aber ich kann ihr gegenüber Zuwendung bis zu einem gewissen Maß zukommen lassen. Sollte sie dies aber nicht akzeptieren können oder mehr wünschen, muss ich mich aus der Begleitung zu-

rückziehen. Nach ca. vier Monaten verstarb die Dame und wir hatten bis dahin einen freundschaftlichen Umgang.“

Die offene Selbstkundgabe, sich verliebt zu haben, führt auf der Seite der Begleitung zu Unsicherheiten und dem Bedürfnis sich abzugrenzen. Vorstellbar sind auch andere Resonanzen.

Was kann alles passieren?

Das Mysterium des Sterbens

> *„Für mich ist so eine Grunderfahrung aus der Hospizarbeit die, dass ich – je häufiger ich das erlebe – umso mehr wird mir das Sterben, der Tod auch – etwas pathetisch ausgedrückt – zum Mysterium. Umso mehr habe ich den Eindruck, dass wir nur eine ganz, ganz äußere Zwiebelschale wahrnehmen und dass da etwas so Komplexes geschieht und wir nur, wie gesagt, so ganz äußerlich draufschauen und wir im Grunde nicht viel wissen, was da wirklich vor sich geht."*[6]

Das sagt Thile Kerkovius, der 19 Jahre lang das Hospiz Maria Frieden in Oberharmersbach geleitet hat.

Die Ehrenamtlichen wissen: Wer einem sterbenden Menschen ernsthaft begegnen will, der kann nicht mit fertigen Konzepten kommen. Der muss lernen, „hilfreich zu sein, in diesem Land der Fragen, auf die es keine Antwort gibt"[7]. Die Hospizhelfer machen unvorhersehbare und überraschende Erfahrungen – und fühlen sich dadurch oft beschenkt:

> *„Bei einem Besuch bei Frau NN, die ich regelmäßig im Altenheim besuche, geschieht Folgendes (vorab noch: Frau NN hat Vertrauen zu mir und freut sich, wenn ich komme – warum, weiß ich nicht. Ich finde es spannend von ihr über ihre Zeit als junges Mädchen, die sie*

---

6 Zitat in: Fink, Michaela (2012): Von der Initiative zur Institution. Die Hospizbewegung zwischen lebendiger Begegnung und standardisierter Dienstleistung. Ludwigsburg: Hospiz Verlag, S. 257.

7 Ostaseski, Frank, im Interview mit Gudrun Huber, Akademie PANTA RHEI 6./7.11.2009, S. 5: „Sterbende begleiten – ein mitfühlender Gefährte für Sterbende sein: http://www.apr-ammersee.de/wp-content/uploads/2016/12/Interview-Frank-Ostaseski.pdf.

als Magd und Dienstmädchen erlebt hat, zu hören. Sie erzählt viel, ich rede wenig.): Als sie länger erzählt, will sie nach einer körperlichen Anstrengung (Einräumen von Wäsche) vom Tisch zum Bett gehen, um sich auszuruhen und hinzulegen. Ich gehe neben ihr, unterstütze sie am Ellenbogen. Kurz vor dem Sofa kippt sie plötzlich nach vorne und ich fange sie auf, kann sie irgendwie auf das Sofa legen. Sie atmet nicht mehr, hat einen abwesenden Blick und mir wird klar: sie ist ‚tot' – fühle mich hilflos und rufe sie laut an und frage: ‚Wie geht es Ihnen?' – und sie antwortet: ‚Gut', mit völlig anderer Stimme. Ich erschrecke heftig, denn eigentlich hatte ich keine Antwort erwartet. Frau NN hat mir etwas sehr Wichtiges für mein Leben geschenkt. Ich weiß nicht, was nach dem Ende des Lebens kommt oder worauf ich vertrauen könnte. Aber egal was ist, es bleibt dafür das Wort ‚gut' und das reicht mir. Nicht mehr, aber auch nicht weniger!"

Menschen wissen, wenn ihr Sterben bevorsteht – das erleben Ehrenamtliche immer wieder:

„Bewohnerin einer Pflegeeinrichtung verabschiedete sich von allen anwesenden Personen, indem sie sagte: ‚Wiedersehen, ich muss jetzt sterben.' Im kurzen darauffolgenden Gespräch sagte sie: ‚Ich werde erwartet. Alle, die mir wichtig sind, warten schon auf mich.' Sie ging mit einem Lächeln auf ihr Zimmer. Eine halbe Stunde später wurde sie leblos auf ihrem Bett vorgefunden – immer noch lächelnd."

Eine andere Ehrenamtliche spricht vom Tod der eigenen Mutter:

„Einmal hat mich der Tod kalt erwischt, als mein Vater mir am Telefon sagte, Mama ist tot. Komischerweise, obwohl wir selten Kontakt

hatten, rief sie am Vorabend an, etwas Small Talk, sie sei von der Gartenarbeit müde und gehe jetzt schlafen. Für immer entschlafen. Nahm sie noch mal Abschied von mir, mit der der Kontakt/das Verhältnis eher schwierig war?“

Viele Geschichten der Ehrenamtlichen erzählen vom Rätselhaften, das irritiert, belebt, beschenkt ... Die Geschichten widersprechen dem Zeitgeist, der das Rätsel ausmerzen will, der das Sterben planbar und beherrschbar machen will. Es lebt in ihnen das Fragende, das Suchende, das Staunen, das Wachgehaltensein vom Rätsel des Todes, vom Rätsel des Anderen …

Sie besteht darauf, dass ich an einem bestimmten Tag wiederkomme

„Frau NN lebt seit zwei Wochen im Hospiz. Ich kenne sie seit sechs Wochen aus der ambulanten Begleitung. Sie hatte vorher jegliche seelsorgerische Begleitung abgelehnt. An einem Nachmittag bittet sie mich, mit ihr zu beten. Ich bin völlig überrascht und bitte nur um einige Minuten Besinnung. Dann bete ich. Wir schließen das Gebet mit einem ‚Vater unser‘ ab. Sie spricht mit und sagt am Ende: ‚So habe ich noch gebetet, das war schön.‘ Als ich mich von ihr verabschiede, besteht sie darauf, dass ich an einem bestimmten Tag wiederkomme: Weiberfastnacht. Ich will eigentlich nicht, gebe aber nach und komme, besuche sie an dem Tag. Sie ist schon im Koma und stirbt nach zwei Stunden.“

Sie hat ihren Sterbezeitpunkt gezielt gewählt

„Die Begleitung einer Dame, 73 Jahre alt. Es ging über eine Woche im Krankenhaus. Viele Gespräche u. a. auch über Familie und deren damit einhergehende Probleme. Der Mann gewalttätig und böse. Dieser Mann hat allerdings, als er erkannte, dass er seine Frau bald verlieren wird, sich sehr um sie gesorgt. Er war oft am Bett und sehr bemüht. Allerdings reagierte sie auf seine Anwesenheit kaum.

Immer, als ich kam, war sie sehr gesprächig. Nach einiger Zeit hat sie viel über ihre Enkelin gesprochen, die allerdings leider nicht auftauchte. Ich spürte ein starkes Gefühl nach Sehnsucht nach der Enkelin. Es gelang mir, die Enkelin zu motivieren, doch zur Oma zu gehen. An diesem Tag war ich auch anwesend. Allerdings ging ich, nachdem die junge Frau kam. Zwei Stunden später kam ich noch mal. Die Sterbende machte einen sehr zufriedenen, ruhigen Eindruck. Der Ehemann tauchte auf und sie stellte sich schlafend. Ich verabschiedete mich wieder. Am nächsten Tag erfuhr ich, dass sie ein paar Stunden später verstarb, ohne mit ihrem Mann zu sprechen oder ihn zu beachten. Das sind seine Erzählungen, die er mir mitteilte. Er ging zur Toilette und genau in dieser Zeit hat sie sich von unserer Erde verabschiedet! Für mich hat sie ganz gezielt ihren Sterbezeitpunkt gewählt."

Der Tod meldet sich an!

„Der Tod meldet sich an! Nach einem operierten Hirntumor betreute ich einige Wochen einen alleinstehenden alten Herrn. Eines Tages zeigte er mir eine Handvoll ausgefallener Zähne und sagte mir: ‚Das Sterben hat begonnen! Ich möchte mir noch einige Dinge besorgen.' Ich fahre ihn mit dem Rollstuhl in einen 1-Euro-Laden, wo er ein Messerchen und noch zwei andere Teile kaufte. Dann kaufte er noch Zigaretten an einer kleinen Bude und zum Schluss wollte er noch einen Eiskaffee. Nach diesem ‚Ausflug' lebte er noch drei Tage. Ich konnte das Verhalten sehr schlecht einordnen, bin aber zu der Erkenntnis gekommen, dass es ein Abschiednehmen war."

Was ist Wahrheit? Hospizarbeit zwischen Offenheit und Verborgenheit

Der japanische Film *Rashomoon* aus dem Jahr 1950 erzählt ein und dieselbe Begebenheit aus der Erinnerung verschiedener Personen. Jede Person erzählt ihre eigene Wahrheit. Dabei heraus kommen gänzlich unterschiedliche Geschichten. Der Film ist eine Parabel auf die Subjektivität von Wahrheit, die immer mit der eigenen Lebensgeschichte verwoben ist. Wahrheit: In der Hospizarbeit lässt das Wort denken an medizinische Aufklärung über eine terminale Krankheit; an die Auseinandersetzung mit der offen ausgesprochenen Realität des bevorstehenden Sterbens; an

„Wahrhaftigkeit“ und „Authentizität“ in der Sterbebegleitung; an Verleugnung oder Verdrängung der Wahrheit: der Realität des Sterbens. Der Umgang mit Wahrheit hat in der Hospizpraxis viele Gesichter. In der Sterbebegleitung geht es nicht um Sachwahrheiten, sondern um existenzielle Wahrheiten.

Da ist eine Frau, 69 Jahre alt. Sie leidet unter Brustkrebs im fortgeschrittenen Stadium und lehnt jegliche Behandlung ab. Sie hat keine Hoffnung auf Heilung und will zu Hause sterben. Ein Jahr lang, bis zu ihrem Tod, wird sie wöchentlich von einer ehrenamtlichen Begleiterin besucht, die die Situation so beschreibt:

> *„Gespräche über Ungerechtigkeit, Arbeitslosigkeit, Alkoholismus und gesellschaftliche Probleme bei einer Tasse Kaffee, nie über die Krankheit, nachdem am Anfang ihre Haltung klar ausgesprochen wurde. Frau NN stirbt im Beisein der Tochter zu Hause weitgehend schmerzfrei.“*

Die Realität des nahenden Lebensendes ist – einmal ausgesprochen – kein Thema in dieser Begleitung.

Die Berichte der Ehrenamtlichen zeugen von einer bemerkenswerten Sensibilität und einer großen Fähigkeit, sich auf unterschiedlichste Situationen und Familienkonstellationen einzulassen. Wahrhaftigkeit – das heißt für die Ehrenamtlichen, sich auf das einzulassen, was der andere braucht. Dabei können die Bedürfnisse des sterbenden Menschen und die der Angehörigen sehr konträr sein. So etwa in der Geschichte von einer Frau, die zu Hause begleitet wird. Während die ehrenamtliche Begleiterin da ist, wird vom Ehemann eigentlich erwartet, dass er seiner Berufstätigkeit nachgeht (er ist Taxifahrer). So war die Absprache zwischen dem

Hospizdienst und den Eheleuten. Aber – so berichtet die Ehrenamtliche – der Mann verlässt nie das Haus, er will immer „dabei sein", er recherchiert unablässig Behandlungsalternativen und bringt neue Medikamente. Die Ehefrau fühlt sich erdrückt von der Fürsorge ihres Mannes, der nicht sehen will, dass ihr Sterben bevorsteht. Die Komplexität der Familienkonstellationen erfordert für den Umgang mit der *Wahrheit* – der Realität des Sterbens – sehr viel Einfühlungsvermögen.

Im Selbstverständnis der Hospizarbeit spielt das Sprechen über das Sterben eine wichtige Rolle. Die Berichte der Ehrenamtlichen belegen: Die Hospizpraxis ist sehr viel differenzierter als die Hospiznorm: Wahrheit ergibt sich nur aus der Beziehung, aus der jeweiligen Situation. Die Ehrenamtlichen verfügen über die Fähigkeit, eigene Erwartungshaltungen und moralische Ansprüche zu reflektieren und zu relativieren.

Alltägliches und Schönes in der Begleitung

Ein Stück Alltag teilen, Alltäglichkeit ermöglichen, gemeinsam noch einmal auf die schönen Seiten des Lebens schauen – das macht einen wichtigen Teil der ehrenamtlichen Hospizarbeit aus: Herr NN, 60 Jahre alt, hat Lungenkrebs und lebt allein. Mit der ehrenamtlichen Begleiterin hat er von Anfang an viel Gesprächsstoff. Sie verstehen sich gut. Über seine Krankheit reden beide nicht. Herr NN erzählt viel vom Karnevalverein, in dem er sich engagiert. Beim Erzählen lebt er sichtbar auf, berichtet die Hospizhelferin.

> *„Nach einigen Wochen gingen wir regelmäßig Kölsch trinken und rauchten auch. Er hat sich sehr wohlgefühlt mit meiner Lebendigkeit und dass er so sein konnte, wie er war."*

Zurück von einer Reise nach Madrid verstirbt Herr NN eine Woche später in seiner Wohnung. Die Hospizhelferin hatte noch ein Tannenbäumchen besorgt, das sie Herrn NN aber nicht mehr überbringen konnte. Sie bewahrt das Bäumchen jetzt auf ihrer Fensterbank auf.

Teilnahme am Leben ermöglichen, das kann auch bedeuten, „Risiken" für den Sterbenden abwägen zu müssen:

> *„In meiner Tätigkeit als Sterbebegleiterin habe ich dem Wunsch einer ALS-Patientin entsprochen, sie im Karnevalsanzug (sie im Rollstuhl) zu begleiten. Es war ein bitterkalter, leicht feuchter Rosenmontag und wir gingen in einer Gruppe Froschköniginnen mit. Sie hatte einen Heidenspaß, fror dabei erbärmlich. Ihr letzter schwerer Infekt war gerade zwei Wochen her und alle anderen (Pflegepersonal, meine Freunde, Ärzte) rieten mir davon ab, diesem Wunsch nachzugehen. ‚Meine' Froschkönigin erkrankte kurz nach Karneval an einer schweren Erkältung, die ihr im wahrsten Sinne des Wortes den Atem raubte. Sie erstickte. Meine Gedanken bewegten sich zwischen zwei Polen: ihr einen der letzten Herzenswünsche ermöglicht zu haben – und: Verantwortung zu tragen für ein verkürztes Leben und einen qualvollen Tod."*

Ehrenamtliche erfahren bisweilen viel über Alltag und die Lebenssituation der Menschen, die sie begleiten. Oft sind es die häuslichen und weniger die stationären Begleitungen, bei denen die Ehrenamtlichen zu wichtigen Alltagsbegleiterinnen werden – auch über den Tod hinaus:

> *„Beeindruckt hat mich eine Begleitung im Jahre 2016 (Beginn im Jänner, bis zum Ende Januar 2017). Erstes ambulantes Treffen in einer Drei-Zimmer-Wohnung mit meiner 51 Jahre alten Begleitung, die Ko-*

ordinatorin, zwei Katzen und ich. Meine Begleitung hatte Metastasen im Kopf und der Haupttumor war in der Lunge. Im September 2015 bekam sie die Diagnose und die Prognose war auf sechs bis neun Monate noch zu leben festgelegt. Mit dieser Diagnose verlässt sie ihren Ehemann, den sie 2015 geheiratet hat, und sie ist somit mit ihrer Tochter (18 Jahre alt) alleine. Da meine Begleitung gerne zu Hause sterben wollte, waren ständige Fahrten (die ich teilweise begleitet habe) in die Uniklinik nötig. Die Tochter machte zu der Zeit eine Ausbildung und betreute ihre Mutter symbiotisch. Mutter und Tochter wuchsen extrem zusammen. Im Oktober unternahmen Mutter und Tochter noch eine gemeinsame Urlaubsfahrt, die ich aus Spenden finanzieren konnte. Es war ein großes Glück und Geschenk. Zum Ende des Jahres 2016 veränderte sich der Zustand drastisch, sodass die Begleitung ins Hospiz verlegt wurde. Nach einer Woche Koma und Krankensalbung zuvor ist meine Begleitung nach intensiver Sorge und Betreuung gestorben. Diese Begleitung war sehr intensiv und umfassend und prägend, da ich die Tochter, inzwischen 19 Jahre alt, ohne Angehörige, immer noch betreue."

Mit dem Latein am Ende – Hospizarbeit an der Grenze

Herr NN ist über 80 Jahre alt und Hospizbegleiter. Er ist der einzige Mann in der Gesprächsrunde, sein Kommunikationsstil ist zurückhaltend und wertschätzend konstruktiv. Er erzählt, unaufgeregt, mit großer Klarheit, eine Geschichte, von der man denkt, so müsste sie sich doch öfter ereignen. Dennoch – oder vielleicht gerade deswegen – hat seine Erzählung Fragen ans Licht gebracht, an denen sich das weitere Gespräch (in einem unserer Workshops) entzündete und die auch an vielen anderen Geschichten bewegen.

> *„Ich hatte vor wenigen Wochen eine sehr kurze Begleitung eines schwer kranken, fast sterbenden Patienten, der mir von der Hospizschwester vorgestellt wurde mit Panikattacken. Während der Unterhaltung stellte sich heraus, dass er sehr große Angst vorm Sterben und vor dem Tod hatte. Ich stellte bei mir eine Hilflosigkeit fest, ihm in dieser Situation Hilfe oder Beistand zu gewähren. Vorsichtige Fragen nach seiner religiösen Einstellung führten nicht weiter. Die Lebensgefährtin war sich auch offensichtlich des Ernstes der Lage nicht bewusst. Er hatte kaum Beistand. Ich hatte das Gefühl, nicht mehr Herr der Situation zu sein. Ich war mit dem Latein am Ende. Der Patient starb nach einem oder zwei Tagen und ich weiß nicht, in welcher Verfassung."*

Erst nach dem „wissenschaftlichen" Gespräch, bei Kaffee und Kuchen, erzählt Herr NN, dass er pensionierter Arzt ist. Was bedeutet es, wenn – in einer Runde von Frauen, generell in der Sorgewelt von Frauen – ein Mann und Arzt sagt: „Ich bin mit meinem Latein am Ende, ich bin nicht Herr der Lage"? Muss ein Arzt erst Hospizbegleiter werden, um das sagen zu können – oder vielmehr das sagen zu *dürfen?* Oder sind „Latein" und „Herr der Lage sein" typisch *männliche* Muster der Sorge – und es gibt nur Rat-, Hilf- und Sprachlosigkeit des Lateins und der „Herr-"schaft, nicht aber der Sorge an sich? Oder wiederum: Sollten wir das so deuten, dass es einfach Situationen gibt, in denen Medizin und Hospizarbeit, wie in Herrn NN verkörpert, an ihre Grenzen stoßen – und gegen Leid, Angst, Unruhe, gegen das Unversöhnte im Leben *machtlos* sind? Darf das überhaupt eingestanden werden?[8]

8 Vgl. hierzu auch Drewermann, Eugen (2008): An den Grenzen der Medizin. Märchen von Heilung und Hoffnung. Düsseldorf: Patmos Verlag.

In unseren Gesprächen haben wir eine große Fähigkeit von ehrenamtlichen Hospizmitarbeiterinnen im Eingehen und Gestalten von Beziehungen in Situationen, die nicht nur vom Sterben, sondern auch von schwierigen Bedingungen (Krankenhaus) und Beziehungskonstellationen (Familien) geprägt sind, kennengelernt. Wir haben erfahren, wie sich Ehrenamtliche in die angemessene Haltung bringen, behutsam und doch konsequent versuchen, „Zugang" zu finden, Beistand zu geben, das Sterben leichter und das Leben reicher machen. Umso mehr hat uns deshalb aber auch die Frage beschäftigt: Was sind die Grenzen der Begleitung? Was, wenn das Sterben nicht friedlich verläuft und die Begleitung als „gescheitert" erlebt wird?

Mit großer Offenheit und in aller Ruhe schildert Herr NN eine solche Situation. In dem nachfolgenden Gespräch wurden von den (weiblichen) Ehrenamtlichen all jene Möglichkeiten geschildert, auf diese oder ähnliche Situationen zu reagieren, wie wir sie auch in den anderen Gesprächen und Geschichten finden konnten. Bevor wir dazu zurückkehren – welche Situationen sind es, die von den Grenzen der Begleitung und gleichzeitig auch vom schlechten Sterben, vom beim besten Willen nicht aufhebbaren Leiden erzählen?

1. Ablehnung

An den Rand des Scheiterns geführt fühlten sich ehrenamtliche MitarbeiterInnen dann, wenn ihr Beziehungsangebot abgelehnt wurde. Im Grunde trifft die Ablehnung durch Betroffene ins Mark der Sorgekunst der Ehrenamtlichen, nämlich in ihrer Kunst der Begleitung, „Zugang" zu finden.

Dabei gibt es Situationen, in denen mit der Ablehnung eines Beziehungsangebots letztlich gut umgegangen werden kann. Als beispielsweise eine wohlmeinende Begleiterin, die offensichtlich Vorkenntnisse auf dem Gebiet besaß, einer sehr jungen Sterbenden, die in der Prostitution arbeitete und teilweise in einem kriminellen Milieu lebte, zur „Verarbeitung“ anbot, etwas zu malen, bekommt sie zu hören: *„Deinen Scheiß kannste selber machen.“* Aber diese Geschichte zeigt unter anderem die positive Rolle dieser Ablehnungserfahrungen, denn daraus entwickeln und verfeinern sich die Haltung und die Künste des Zugang-Findens. Die eigene Rolle wird reflektiert sowie die eigenen Bilder und Vor-Urteile in Frage gestellt bzw. überhaupt erst einmal wahrgenommen: als existent und massiv wirksam!

> *„Sie hatte eine vollkommen andere Biographie als ich und das war tatsächlich sehr fremd für mich. Ich stieß auf große Ablehnung.“*

Die Erzählerin zieht den Schluss:

> *„Sterbebegleitung braucht, sich ganz frei zu machen von Erwartungen und Vorstellungen, um sich auf den Menschen einzulassen.“*

Aus der Situation konnte eine Lernerfahrung mitgenommen werden.

Eine andere Form der Ablehnung äußert sich, nicht minder ausdrücklich, in Beschimpfungen. Eine Ehrenamtliche etwa wurde gebeten, bei einem Gast mit Hirntumor „Rauchwachen“ zu halten:

> *„Um mit ihm ins Gespräch zu kommen, habe ich die Fotografien an seiner Wand bewundert. Daraufhin meinte er ungehalten, dass ich nun schon die fünfte Person sei, die ihn danach fragte, und er keine Lust mehr habe, immer das Gleiche zu erzählen. Er sei es leid. Das Rauchen*

war kein Problem. Zwischendurch wollte ich ihm Essen anreichen, was er ablehnte und mich beschimpfte. Eigentlich wollte er auch alleine rauchen. Die Beschimpfungen wurden dann sehr massiv.“

Aber schließlich gingen die beiden „im Guten auseinander“, weil es der Begleiterin gelungen war, die Ablehnung nicht auf sich selbst zu beziehen:

„Dieser Mann war beruflich um die halbe Welt gereist und war nun so abhängig von anderen, dass er wohl damit nicht klarkam.“

In ähnlicher Weise auf die Probe gestellt wurde das Bemühen hospizlichen Da-Seins durch eine Frau, die ihre ehrenamtliche Begleiterin angriff:

„Sie schrie mich an, ich dürfte gar nichts sagen, da ich ja noch nichts durchgemacht, erlebt hätte.“

Wiederum gelingt es aber das drohende Scheitern des Suchens und Findens von „Zugang“ ins Erträgliche zu wenden:

„Später war mir ganz klar und da wurde es mir noch mal deutlich ... es geht um den Sterbenden, ich darf mich persönlich nicht angreifen lassen, es sind Ausnahmesituationen, man darf sich nicht persönlich angegriffen und gekränkt fühlen.“

Gegenüber diesen Wendungen ins Erträgliche oder gar Versöhnliche stehen allerdings Situationen, die keine Auflösung erfahren und als Geschichten fortleben, die die Begleiterin nicht so einfach loswird: Über den Hausarzt und die Ehefrau vermittelt, kommt eine ehrenamtliche Mitarbeiterin nach Hause in den Garten zu einem Mann, der an Krebs erkrankt ist und einige Tage zuvor seinen besten Freund verloren hat:

„Er lehnte mich ab, er wolle nicht mehr über den Tod sprechen, er wollte mich nicht sehen. Ich habe mich ihm vorgestellt und wollte mich für den Tag verabschieden, da schaute er mich an und fing an zu weinen. Er hatte eine so große Angst vor dem Tod, mit dem er mich identifizierte, sodass ich auch nach zwei weiteren späteren Besuchen keinen Zugang zum ihm fand und die Begleitung abgebrochen wurde. Ich fühlte mich eine Zeit lang sehr schlecht, als Versagerin, da ich es nicht geschafft hatte, einen Zugang zu ihm herzustellen und mich nicht als den ‚Tod' wahrzunehmen."

Was aber gerade diese Geschichten der Ablehnung zeigen, das ist, dass es sich die Ehrenamtlichen mit der Beziehung und den Herausforderungen dabei (der Fremdheit, der Ablehnung, der Distanz) nicht leicht machen. Natürlich kann dieses „Nicht-persönlich-Nehmen" umschlagen oder verwechselt werden, wenn nämlich wirklich einmal genau diese Person gemeint sein sollte, weil „die Chemie" nicht stimmt; natürlich kann das „Weitermachen" und fast konsequent unnachgiebige Bemühen um Verständnis auch umschlagen oder verwechselt werden mit Aufdringlichkeit und penetranter Güte; natürlich kann die Opposition gegen die „professionelle Distanz" umschlagen oder verwechselt werden mit einer zu starken Involvierung und einem Selbstverlust; schließlich kann auch das „Sich-Zurückstellen" und „Sich-nicht-wichtig-Nehmen" umschlagen und verwechselt werden mit Selbstverkleinerung und falscher Demut, wo Opposition, Für- und Gegensprache gefordert wären. Aber das ist jeweils nicht der Punkt: Die Weisheit und Kunst der Begleitung besteht genau darin, dass – erstens – sich in der Regel die ehrenamtlichen BegleiterInnen dieser Gegensätze und Gefahren bewusst sind, dass – zweitens – genau diese Fragen reflektiert werden und dass – drittens – die Beziehungsweisheit darin besteht, es sich im vorgängigen Bewusstsein und in der nachgängigen Reflexion nicht zu leicht zu machen mit den Beziehungen, nicht sofort wieder den „Exit“, den Ausgang zu suchen. Das kann im wörtlichen Sinn oder in den vielen Möglichkeiten eines übertragenen Sinns geschehen: innere, professionell apostrophierte Distanzierung, psychologisierende Fremdzuschreibung (von Problemen) statt Selbstreflexion. Ablehnung, Distanz, Fremdheit, Unbekanntheit, vielleicht sogar Antipathie werden nicht als das Ende akzeptiert, sondern in einer Art von über- und vorschießender „Treue“ wird weiter erinnert, weitergedacht, weiter gerungen. So heißt es:

> *„Nicht resignieren. Aber mit viel Bedacht und behutsam auf den Menschen zugehen. Ich bin nur Gast und frage seitdem immer: ‚Darf ich mich setzen? Darf ich …?‘ Und: ‚Weitermachen, es lohnt sich, und Ablehnung nicht persönlich nehmen! Trotz der sogenannten ‚professionellen Distanz‘ mit dem Herzen schauen und handeln. Sich selbst zurückstellen und nicht so wichtig nehmen.‘“*

2. Ekel

Ehrenamtliche HospizmitarbeiterInnen kommen an eine Grenze, wenn sie sich *ekeln.* Angesichts der Tatsache, dass das Hospiz-Milieu sehr bürgerlich geprägt ist und in der Regel eine sehr kultivierte – im besten Fall: würdigende, im schlechteren Fall: verschleiernde – Sprache pflegt, tut es fast schon gut, wenn eine Situation in der Begleitung einer über 90-jährigen Dame in ihrem Hause in den folgenden geradlinigen Worten geschildert wird:

> *„Sie ist sehr unruhig, versucht sich im Bett zu drehen, verliert ihre Bettdecke. Ich decke sie immer wieder zu. Irgendwann halte ich ihre Hand. Sie zieht meine Hand, damit ich sie umarme. Ich muss meinen Stuhl dicht an das Bett heranschieben. Mir ist eine solche körperliche Nähe unangenehm, aber ich spüre die Not der Dame, die*

sich so trösten lässt. Ich drehe mich, da sie überall herumgerotzt hat. An der Bettkante hängt ein dicker, grüner Strang Rotze – an die ich irgendwann mit meinem Bein gerate. Die Frau schläft eine Weile mit meinem Arm um sich. Dann wird sie nach und nach wieder unruhig – ich rufe die Tochter an, dass sie nach Hause kommt, um die Mutter zu trösten. Sie kommt und ich werde erlöst."

Eine andere Situation im Pflegeheim wird so geschildert:

„Ich wurde von der Koordinatorin angefragt, eine Anfang 60-Jährige im Altenheim zu begleiten … Ich war schockiert über den Zustand. Sie lag mehr als sie saß in einem Stuhl, trat unkontrolliert in alle Richtungen, war aber eher abwesend, konnte gar nicht mehr sprechen. Ich bemerkte außerdem ihre fleckige Kleidung und den schmutzigen Stuhl. Die Stationsleiterin ließ uns alleine. Was nun? Ich fühlte mich hilflos und überfordert, stellte mich aber tapfer der Situation. Auf dem Weg zum vierten Besuch an einem heißen Sommertag ging ich innerlich rückwärts, vor der Tür drehte ich um. Der Ekel, der mich überkam, wenn ich an den letzten Besuch dachte, war riesengroß und übermächtig. Der Stuhl war sehr dreckig, ebenfalls ihre Kleidung. Ich hätte mir selbst was angetan, wenn ich wieder zu ihr gegangen wäre. Ich habe die Begleitung beendet und der Koordination den wahren Grund mitgeteilt. Das Thema wurde in der Supervision behandelt und hat mich erleichtert. Seitdem war ich in keinem Altenheim mehr. Der Ekel ist zu groß … schon in der Vorstellung."

Das Phänomen des Ekels wirft – weitergedacht – eine wichtige Frage auf, die die Rolle von ehrenamtlicher Hospizarbeit betrifft und die Arbeitsteilung insbesondere mit der Pflege: in Ergänzung und manchmal auch in „Konkurrenz". Denn ist es nicht so – zum einen –, dass die „Beziehungsweisheit", die sich in der bereichernden und Sinn stiftenden ehrenamtlichen Hospizbegleitung findet, nicht dennoch auch zum Selbstverständnis von Pflegepersonen gehört? Dass aber gleichzeitig die Pflegekräfte, man denke vor allem an das Pflegeheim, in der Regel nicht in der Lage sind – aufgrund der Arbeitsbedingungen, der Personalschlüssel –, diese Beziehungsweisheit in aller Tiefe und alltäglich zu leben, sondern eher schauen müssen, dass sie „mit dem Notwendigsten fertig werden"? Und ist es nicht auch so, dass Pflegepersonen mehr als alle anderen mit den sehr körperlichen Aspekten der Sorge zu tun haben: mit den Wunden, den Körperflüssigkeiten und Ausscheidungen? „Wenn alle rausgehen, wir bleiben!" – lautet ein wichtiger Aspekt des Ethos spezifisch von Pflegekräften und ihrer Rolle.

In der Care-Ethik gibt es diese sehr wichtige und entlarvende Frage bezüglich der Verteilung von Sorge-Arbeit: Wer macht sinnstiftende Sorge – wer macht die schwierige und harte, alltäglich routinehaft wiederkehrende Arbeit (und darf das nicht so nennen, weil es die Betroffenen angeblich entwürdigt ... – aber wer fühlt in solchen Situationen nicht selbst, dass man es lieber anders hätte?)? Manchmal könnten die Hospizbegleiterinnen geradezu als Feind der Einrichtungen erscheinen, weil sie Zeit haben, die das Pflegepersonal oft nicht aufbringen kann. Im Spiegel der ehrenamtlichen Tätigkeit werden die Pflege und die Einrichtung an das eigene Ethos und den ureigenen Auftrag erinnert.

Vielleicht sind das wichtige Punkte, die zum gegenseitigen Verständnis in diesen Widersprüchen beitragen, die letztlich Rollen- und systembedingt sind. Die hohe Kunst ehrenamtlicher Sorge und Begleitung besteht (eher!) im „Zugang" zur Seele, in der Stiftung von Beziehung. Sie besteht (eher!) in dem Bemühen, inmitten von kränkenden, beschämenden Situationen, erhobenen Hauptes, auf Augenhöhe einander zu begegnen und sich dadurch An-Sehen geben.

3. Systembedingte Widersprüche im Pflegeheim

Das scheint uns wichtig zu sein, wenn wir Geschichten aus dem und über das Pflegeheim hören, von problematischen oder scheiternden Begleitungen, die ein nicht minder schlechtes Gefühl und nicht minder größere Ratlosigkeit hinterlassen. Die folgende Erzählung war anfänglich geprägt von der Empörung der Ehrenamtlichen gegen eine Krankenschwester im Pflegeheim – und wandelte sich durch das Gespräch hin zur Wahrnehmung des Widerspruchs im System, an dem die Begleitung an ihre Grenzen geführt wurde:

> *„Ich suchte meinen Betreuten im Altenpflegeheim auf. Er war dort zur Kurzzeitpflege für eine Woche. Abgesprochen mit der Lebenspartnerin meines Betreuten war, dass ich mit ihm nach draußen gehe. Das Wetter war entsprechend. Also ging ich zur Krankenschwester, um sie zu bitten, meinen Betreuten aus dem Bett in den Rollstuhl zu bringen. Die Krankenschwester reagierte sehr unwillig: ‚Wenn Sie sich das zutrauen, machen Sie das selbst.' Sie war sehr unter Zeitdruck, musste zwei Stationen mit Medikamenten versorgen. Eine weitere Pflegekraft war nicht verfügbar. Mein Betreuter ist im fortgeschrittenen Stadium an Parkinson erkrankt. Ich kannte ihn nicht ausreichend. Außerdem verschlechterte sich sein Zustand von Woche zu Woche. Also verneinte ich und erwiderte, dass ich mir das nicht zutraue. Daraufhin willigte die Krankenschwester ein und stellte die Bedingung: Aber Herr NN muss dann zwei Stunden lang im Rollstuhl bleiben. Ihr Ton war sehr schnippisch und ihr Verhalten abweisend. Hier hätte ich schon gleich intervenieren müssen. Stattdessen ließ ich mich auf den Deal ein."*

Die Diskussion im Gespräch über diese Situation war geprägt von einer gewissen Wut auf die diensthabende Krankenschwester. Gleichzeitig wurde diese gemildert durch den Blick auf den Druck im und durch das System, dem sie ausgesetzt ist. Andererseits beschäftigte auch die „falsche" Reaktion in der Situation, hervorgerufen durch die Macht-Asymmetrie zur Krankenschwester. Die Ehrenamtliche sagte, sie wäre durchaus eingeschüchtert gewesen:

> *„Ich habe gemerkt, wie ich eine Hemmung hatte. Sie hat mir im Grunde gesagt: ‚Hier gilt nur das eine – und das ist Zeit!' … Und die hatte sie nicht. Ich hätte aber dann sagen müssen: ‚Lassen wir's!' Die war auch überfordert – ich kann sie auch irgendwo verstehen. Mein Mann sagt, er würde aggressiv werden. Ich kann das nicht, ich hätte im freundlichen Ton sagen sollen: ‚Wie reden Sie mit mir?' Das ist nicht das erste Mal, dass ich das so erlebt habe."*

Die Situation der Pflegekraft wird wahrgenommen und ihre Unfreundlichkeit wird mit Blick auf den Druck, dem sie ausgesetzt ist, relativiert. Auch die anderen bestätigen: Sie „war überfordert", „die arbeiten Ruck-Zuck", „die sind immer so im Takt und wir [die Ehrenamtlichen] können dann noch bleiben, so lange wir wollen."

Die Schlüsse, die die Begleiterin aus dieser Situation zieht, enthalten eine implizite, aber mehr als deutliche Gesellschaftsanalyse und soziale Kontextualisierung eines der prominentesten Probleme der Medizinethik:

> *„Also wenn das die Zukunft ist [Personalnot], also dann verstehe ich den Wunsch, nicht mehr da zu sein [Wunsch nach Sterbehilfe]. Deshalb geht es mir so nah. Weil ich unter diesen Umständen sagen muss, das [den Wunsch nach Sterbehilfe] kann man sogar verstehen. Das hat auch den Betreuten sehr verunsichert."*

4. Die Apparatemedizin

Markanter aber als im Pflegeheim werden Erfahrungen mit dem Krankenhaus und der „Apparatemedizin" geschildert. Das Menschengemachte daran ist eigentlich immer noch erschütternd. In vielen anderen Formen der Ratlosigkeit bzw. des Leidens fällt es schwer, das *Gemachte* vom *Widerfahrnis* zu unterscheiden: Es liegt in der langen Vorgeschichte eines Menschen begraben, in komplexen, kaum mehr lösbaren Beziehungskonstellationen, einfach „in der Sache selbst" (Angst vor dem Tod), oder in so weitreichend gesellschaftlichen Bedingungen (Stellenwert des Pflegeheims und der Altenpflege), sodass sie sich jeglicher Kontrolle zu entziehen scheinen. Während angesichts von Konflikten und von als schlecht empfundener Sorge im Pflegeheim für die agierenden Personen noch Verständnis aufgebracht wird (nicht aber für die gesellschaftliche Organisation der Altenhilfe), spricht aus den Geschichten über „die Apparatemedizin" die pure Verständnislosigkeit – und das in den stärksten Begriffen:

„Ich habe diese alte Dame acht Jahre im Rahmen der Demenzbegleitung gehabt und gut kennengelernt. Dann ‚der Klassiker': mit 90 Jahren Sturz, Oberschenkelhalsbruch, OP, drei Wochen Krankenhaus, Wechsel in die geriatrische Demenzstation. Ab da: Horror!"

Nach drei Tagen kam wegen Krankheitsvertretung ein sehr junger, unerfahrener Arzt zur Visite. Er machte dem Sohn Hoffnungen, seine Mutter könne mit maximaler Therapie überleben. Plötzlich änderte der Sohn tatsächlich seine Meinung. Die Patientin bekam Antibiotika und wurde künstlich ernährt. Sie wehrte sich gegen alle Maßnahmen (Magensonde, venöse Zugänge, Körperpflege)!!! Sie musste immer festgehalten werden. Die Patientin starb ganz allein und einsam in ihrem Isolierzimmer."

„Meine für mich schwerste hospizliche Begleitung war eine Krankenhausbegleitung. Eine 85-jährige, an Krebs erkrankte Frau nach schwerer Operation hat ein halbes Jahr im Krankenhaus gelegen. Sie wurde künstlich ernährt, die Wunde heilte nicht und verursachte höllische Schmerzen, die nicht in den Griff zu bekommen waren. Essen von normaler Kost war nicht möglich, sie erbrach alles, sie konnte das Bett nicht verlassen. Anfangs habe ich sie zweimal wöchentlich besucht. In der Sterbephase jeden Tag. Einen Tag vor ihrem Tod hat man sie noch zum MRT geschickt, was qualvoll war. Sie ist schreiend unter Schmerzen und Qual gestorben. Für mich war das sehr schwer zu ertragen und sehr schwer auszuhalten."

„Bei einer Begleitung, die etwa fünf Jahre dauerte, ging es bei der Suche nach einem Hospizplatz um einen für die Ehefrau verträglichen Kompromiss. Aber bevor dieser Platz gefunden war, hatte der Ehemann einen Ausraster, sodass man empfahl, ihn in die Psychiatrie zu bringen. Ich habe ihn im Krankenwagen begleitet, die Ehefrau fuhr mit dem Auto hinterher. Alles friedlich ruhig! Angekommen brachten die Träger des Krankentransports den Patienten (an Demenz leidend) in die entsprechende Abteilung. Ich dachte, ich begleite, aber man hat mir bewusst die Türe versperrt. Als die Ehefrau eintraf, saßen wir beide vor versperrter Tür und hörten hilflose Schreie."

5. Leiden

Die bisher genannten Weisen des Scheiterns oder Erfahrungen, in der hospizlichen Begleitung an ernsthafte Grenzen zu stoßen, haben Ursachen, die nicht nur in der Leidenssituation der Betroffenen selbst begründet liegen – sondern auch, und oft sogar stärker, in der Beziehung oder den Umständen darum herum.

Aber andere Geschichten erzählen auch vom Leid, das sich, so scheint es, beim besten Willen und bester Bemühung nicht in Trost, Ruhe oder Schmerzlosigkeit aufheben oder lindern, ja nicht einmal irgendwie erträglich machen lässt.

Es sind Erzählungen, die von der Gefangenschaft im Leiden berichten. Von den Ausdrucksformen der Unruhe, des Schreiens, aber auch des Verstummens, des Schmerzes, des Weinens, der Klage, der Warum-Frage. Es sind Erzählungen, in denen die letzte Hilflosigkeit der Helfenden und ihrer Sprachlosigkeit schmerzhaft deutlich wird. Vermutlich ist es wichtig, daran zu erinnern, dass Leiden letztlich „sprachlos" ist (und macht). Das erzählte, berichtete Leiden ist unüberbrückbar von dem entfernt, was es erzählen und sagen will. Arthur W. Frank, ein Medizinsoziologe, der Erfahrungsberichte von Krebserkrankten analysiert hatte, vergleicht solche Erzählungen mit den Zeugnissen der Shoa: Es soll und muss erzählt werden – es kann aber gleichzeitig nicht erzählt werden und irgendwie darf auch nicht erzählt werden, denn immer suggeriert die sprachliche Reflexion doch so etwas wie „Versöhnung" und „Herrschaft" über das Leiden. Das ist unangemessen. Die Sprache bleibe immer nur am „Rand der Wunde"…

„Nach einer Begleitung habe ich ein Jahr lang Pause gemacht, weil ich so beeinträchtigt war. Der Kopf hat einfach ausgesetzt. Der Stress war so groß. Es war eine junge Frau im Endstadium mit Leberkrebs, mit drei Kindern und einer ganz komplizierten Familie drum herum. Es gibt Grenzen, die manchmal nicht zu schaffen sind."

„Der schlimmste Satz ist, wenn es heißt: ‚Ich will nicht sterben! Ich will nicht sterben!' Da ist man sprachlos, da kann man wirklich denjenigen nur in den Arm nehmen oder die Hand nehmen …"

„Manche sind auch so verbittert, besonders Männer: ‚Ich habe sechs Kinder und alle sechs Kinder kommen nicht zu mir. Was habe ich getan? Ich habe nichts getan.‘ Da denke ich mir, wenn sechs Kinder, die in der Nähe sind, nicht kommen, da muss ja wohl was geschehen sein. Wie der gestorben ist … ich möcht's nicht wissen.“

„Aber manchmal ist es so schrecklich, was man erlebt. Z. B. Vater und Tochter in zwei verschiedenen Krankenhäusern, beide terminale Diagnose. Furchtbar. Man kann nichts machen. Man kann Angehörige nur fragen: ‚Wie ertragen Sie das? Wie ertragen Sie das?‘ Manchmal funktioniert man nur.“

„Ich spürte in seinem Blick, dass er keinen Frieden mit seiner Familie gefunden hat und nicht gehen beziehungsweise loslassen kann, bevor dies geklärt ist. Ich konnte ihm nicht helfen.“

„Schwierig – ja, schwierig wird es immer bei jungen Patienten, die ihr Leben noch nicht erlebt haben – die Frage nach dem Warum steht wohl im Raum – die nie beantwortet werden kann.“

„Sie war so gefangen in ihren negativen Erinnerungen … nur manchmal entstand Kontakt nach draußen, so habe ich das empfunden.“

„Er, ein über 80-jähriger Mann im Pflegeheim, war immer in Bewegung. Er ist aus dem Bett gefallen. Man konnte ihn nicht beruhigen … vielleicht ein Kriegserlebnis …, das haben wir nicht mehr rausgefunden … Man konnte ihn mit nichts zur Ruhe bringen.“

„Ein Patient, der sich immer selbst angeklagt hatte: ‚Der Teufel holt mich, Gott verzeiht mir nie!‘ Immer wieder, so was habe ich noch nie

erlebt. Versuch zu trösten: ‚Sie brauchen mich nicht trösten, mir verzeiht niemand!' Der hat geweint, bitterlich: um sich, wie schlecht er war, das war extrem, immer wieder von vorne, er wollte sich nicht verzeihen lassen."

„Ein Leben mit Brüchen bis zum Sozialfall. Zwei Tage vor dem Ableben gab er sein Problem preis. Er war an Erschießungen im Zweiten Weltkrieg beteiligt und er fühlte sich schuldig."

„Sie saß fast immer im Rollstuhl. Oft hörte ich sie schon vom Eingang aus laut schreien."

„Sie ist schreiend unter Schmerzen und Qual gestorben. Für mich sehr schwer zu ertragen, dass alles nicht mit meiner hospizlichen Erfahrung übereinkam. Durch mein Dasein habe ich sie beruhigen können und gelacht wurde auch manchmal. Doch es war für mich schwer auszuhalten."

Welche Widersprüche bearbeitet die ehrenamtliche Hospizbegleitung?

Zusammengefasst: An welche Grenzen kommt die Hospizbegleitung? Ohne Anspruch auf Vollständigkeit sowie auf die Gefahr hin, gerade die am Lebensende unauflösbaren Ambivalenzen in allzu einfache Schubladen zu stecken, waren es also folgende Situationen, in denen die hospizliche Begleitung zu scheitern droht oder an Grenzen stößt. Es sind soziale, gesellschaftliche, aber auch zutiefst existenzielle Widersprüche. Die Kunst und die Ethik der Hospizarbeit werden auf die Probe gestellt – und können scheitern.

- Durch die *Ablehnung* der Betroffenen wird das zentrale Stück der ehrenamtlichen Sorgekunst auf die Probe gestellt, nämlich *Zugang zu finden.*

- Durch den *Ekel* wird das über allem stehende *Einfach-da-Sein*, das nicht zuletzt Nähe vermitteln soll, auf die Probe gestellt.

- Das *unsagbare Leiden* im Sterben stellt das dominante *Bild des friedlichen und versöhnten Todes* auf die Probe.

- Die *systembedingten Widersprüche im Pflegeheim* stellen die Sorge selbst auf die Probe, indem die *ganzheitliche Kunst der Sorge* in das Räderwerk zu einfacher (gesellschaftlicher) Vorstellungen von Sorge und einer *schlechten Arbeitsteilung* gerät.

- Das *Krankenhaus und die „Apparatemedizin"* – immer wieder oder immer noch der klassische „Widersacher", dem die Hospizbewegung die eigene Existenz verdankt – als wiederkehrender Verursacher eines schrecklichen, einsamen, ja gewaltsamen Todes stellt die ganze Hospizbewegung auf die Probe. Fundamentaler wird hier der Widerspruch von *Machen* und *Lassen* sichtbar, sowie von Fluch und Segen der Technik.

Wie noch zu sehen sein wird, bleiben nach diesen Erfahrungen manchmal auch ein nachgehendes *schlechtes Gewissen und Schuldgefühle*, wodurch die *Freiwilligkeit und die Freiheit des Ehrenamtes* an die Grenze kommen. Man ist in Geschichten und Verantwortungen verstrickt und verwickelt, aus denen es keinen so einfachen Ausweg mehr gibt. Die freiwillige und freie Gabe der Sorge ist nicht ohne existenzielles Risiko.

Antworten auf die Ohnmacht – Was tun, wenn das Latein am Ende ist?

Kehren wir zurück zu unserem Gespräch, in dem Herr NN seine Geschichte erzählt hat. Diese und andere Geschichten erzählen von der Angst, der Panik vor dem Sterben, von der Unmöglichkeit des Trostes, stummer oder lauter Verzweiflung, vom Kampf gegen den Tod, von der Unzugänglichkeit des Sterbenden, dem Eingesperrtsein des Menschen in sich und sein Leiden. Keine Geste, kein Wort erreicht den Mann, zu dem Herr NN gekommen ist. Dem entspricht die Hilf-, Rat- und Sprachlosigkeit des ehemaligen Arztes an seiner Seite.

Herr NN erzählt diese Geschichte, um eine Frage vorzubringen: Was macht man da? Es war interessant zu hören, wie die anderen Gesprächsteilnehmerinnen der Runde – alles Frauen – tatsächlich nicht um Antworten verlegen waren. All diese Antworten konnten wir, wie verdichtet in diesem Gespräch, auch in anderen Geschichten angesichts ähnlicher Situationen finden. Aber dort, wie im Gespräch selbst, bleiben die Frage (Was macht man da?) und die Ratlosigkeit dennoch bestehen.

Eine erste mögliche Antwort stellte Herr NN selbst zur Diskussion und meinte gleich relativierend: „Eine Frau hätte vielleicht ‚berühren' können – für Männer geht das aber nicht so leicht." Tatsächlich finden sich in vielen Erzählungen, die die völlige oder annähernde Unlösbarkeit des Leidens Sterbender betonen, als „letztes Mittel" *Berührungen*:

> *„Ich hatte eine Begleitung, wo eine Person anfing zu zittern, da habe ich nicht ‚Hilfe, Hilfe' oder so was gerufen, sondern ich habe gesagt: ‚Legen Sie ihre Hände hin', und ich habe meine draufgelegt, da ist sie ruhig geworden, spontan."*

Für Herrn NN blieb aber vor allem eine Frage offen: Fällt das Frauen leichter? „Hat man als Frau – auch generell – noch mal mehr Möglichkeiten?“ Was bedeutet es für Männer, zu berühren? Sind die Barrieren, die möglichen Missverständnisse größer? Pflege, Sorge, das hospizliche Ehrenamt, sind historisch und kulturell weibliche Lebenswelten. Es gibt unterschiedliche Erwartungen an Männer und Frauen.

Vor allem aber: Auch Berührungen können scheitern, wie wir aus einer anderen Geschichte erfahren. Von der Begleitung eines 85-jährigen Mannes im Pflegeheim heißt es:

> *„Man konnte ihn mit nichts zur Ruhe bringen. Und das konnte sich kein Mensch erklären. Wir dachten, es sei vielleicht ein Kriegserlebnis. Das haben wir nicht mehr herausgefunden. Ich arbeite sonst sehr viel mit den Händen, mit Handauflegen, und das ist total super. Das hilft den Patienten ganz gut. Die allermeisten sind sehr dankbar über diese Berührungen. Aber da hat es überhaupt nicht funktioniert. Der Mann ist dann nach ein paar Tagen aus Erschöpfung gestorben.“*

Das Gespräch über Berührung wurde vertieft und führte zur grundlegenderen Frage nach der *Intuition* als einer möglichen Antwort auf diese Situationen der Ohnmacht. Auch hier wurde wieder die Geschlechterfrage angesprochen, wobei Mann und Frau sich über die klassische „Vermögens-Teilung“ überraschend einig waren:

> *Frauen seien „emotional viel offener“. Männer würden „zu viel denken“: „Da ist zu viel der Kopf drin.“*

Eine der ehrenamtlichen Hospizmitarbeiterinnen meint:

„Ich reagiere immer sehr spontan und emotional, da ist kein Überlegen.“

Auch in anderen Geschichten und Berichten spielt in ganz analoger Weise die Intuition eine wichtige Rolle – und führt oft zu „Interventionen“, die nicht vorhersehbar, oft auch etwas „schräg“ und überraschend wirken können. Jedenfalls werden die Grenzen des Konventionellen und der Routinen immer wieder überschritten.

Ein Mann, sterbend, ruft unablässig nach seiner Mutter. Er ist kaum zu beruhigen:

„Ich wusste in meiner Verzweiflung nicht, was zu tun war und ob ich das überhaupt durfte, also ich sagte ihm einfach: ‚Die Mama ist jetzt da, die Mama bringt dich jetzt ins Bett.‘ Und er wurde ganz ruhig und ließ sich von mir ganz einfach von seiner völlig verkrampften Lagerung in eine entspannte Lage bringen. In meiner gefühlten Hilflosigkeit war es gut für mich, mich einfach auf meine Intuition verlassen zu haben und nicht groß zu fragen, ob es erlaubt ist oder nicht, wenn ich jetzt ‚die Mama spiele‘.“

Die Intuition führt dazu, dass wir angemessen über die Grenzen gehen – etwa auch dann, wenn eine Begleiterin spürt, dass sie trotz des Ekels und des Nasensekrets auf ihrem eigenen Gewand die körperliche Nähe akzeptiert. Oder wenn eine junge Ehrenamtliche, die im Grunde wenig damit anfangen kann, dennoch ein Gebet spricht, um eine Frau „zu erreichen“. Was folgt hieraus? „Dass ein fremder Mensch mir grenzenlos vertrauen kann. Dass ich einem Fremden Beistand leisten kann, indem ich für eine begrenzte Zeit über meine Grenzen hinausgehe, weil ich die Not(wendigkeit) [intuitiv] erkenne.“

Die Rede ist von grenzenlosem Vertrauen – und vom Überschreiten der eigenen Grenzen: Hängt das zusammen? Kann ich Vertrauen zu einem Menschen fassen, wenn ich nicht wüsste, dass er oder sie gegebenenfalls bereit ist, über die eigenen Grenzen zu gehen, die Sicherheit der eingespielten Nähe-Distanz-Abstände und sonstigen Lebensgewohnheiten „im Falle, dass ..." zu verlassen? Vertrauen würde also entstehen, wenn wir das Gefühl oder das Wissen bzw. den Glauben haben, dass andere gegebenenfalls bereit sind, die eingespielten Routinen zu verlassen und dann „da zu sein"...? Und dabei eine Nähe riskieren, die für sie unangenehm sein kann ...

In einem Bericht wird jedenfalls zur Intuition explizit der Schluss in knappen Stichworten gezogen:

> *„Kontakte zu Sterbenden: Annäherung schwierig, zu viel Kopf bei mir. Erkenntnis: auf innere Stimme hören, kopfgesteuerte Bemühung von mir bleibt zäh. Nicht eigene Konzepte, sondern Weisheit der Situation!"*

Die GesprächsteilnehmerInnen um Herr NN herum sind sich in derselben Linie erstaunlich sicher:

> *„Der Verstand legt auch Lasten auf. Mit der Intuition, da brauche ich keine Angst zu haben: Ich weiß, dass etwas kommt und dass das in der Situation auch das Richtige ist, aber ich muss Vertrauen darauf haben. Da ist was in uns angelegt, darauf können wir uns verlassen."*

„Sich darauf verlassen?" Herr NN kontert, es folgen aber keine Gegenargumente. Das sind gute Spuren, aber man merkt dennoch, dass auch die Intuition an Grenzen stoßen kann. Auf seine Fragen, wie man denn die Gefühlsquellen und die Intuition *anzapft* und ob die Intuition sich nicht auch täuschen kann, bleiben die Antworten aus. Sind solche Fragen zu sehr verstandesmäßig? Oder machen die geschilderten Situationen nicht manchmal nicht nur sprachlos, sondern auch intuitionslos? Herr NN:

„Ich würde mich nicht darauf verlassen. Die Intuition fehlt schon oft."

Auch wenn alle in der Runde lachen müssen, weil der einzige Mann sich gerade über ausbleibende Intuition beklagt hatte, ist klar, dass es diese Situationen gibt, in denen auch die Intuition schweigt, in denen nichts zu machen und nichts zu denken ist: „Es gibt Situationen, da können wir nichts dran ändern." Das führt neben dem Berühren und der Intuition zur dritten Antwort auf die Frage nach dem Scheitern: dem *Aushalten.*

Manches „muss man einfach aushalten", heißt es. Oder: „Wir müssen schon bestimmte Dinge aushalten, das ist aber positiv zu sehen."

Für das Aushalten kann es hilfreich sein, zu versuchen, einen Menschen und seine Vorgeschichte zu verstehen – ohne den Anspruch zu entwickeln, wirklich jemanden verstanden zu haben. Vielleicht (eine Idee), war das ganze Leben des Mannes, den Herr NN begleitete, „von Angst geprägt"? „Was Kriegskinder erlebt haben: Diese Angst wird an die Kinder weitergegeben und oft nicht verarbeitet. Vielleicht konnte auch hier die Angst, die immer tabuisiert war, jetzt zum ersten Mal ausgesprochen werden, das ist eine Möglichkeit." Diese Denk-Möglichkeiten dienen gerade *nicht* dazu, den anderen Menschen in seinem Leiden zu verstehen, zu „erklären", sondern im Gegenteil, sich gegenwärtig zu machen, was man vermutlich alles gerade *nicht weiß* – und deshalb das mögliche Scheitern der Begegnung nicht auf sich alleine zu beziehen und so „sich nicht zu wichtig zu nehmen". „Wir sind hier, um zuzuhören, um da zu sein, zurücknehmen, einmal aushalten und gut." „Aushalten ist sehr schwer, aber zwingend notwendig."

Das Berühren, die Intuition und das Aushalten sind Reaktionen und Umgänge in der unmittelbaren Beziehung und es sind im Grunde Antworten auf Erfahrungen *radikaler Ohnmacht*. Es muss noch erwähnt werden, dass es auch Situationen, so könnte man sagen, *relativer Ohnmacht* gibt. Das betrifft jene Geschichten, bei denen die Begleitung zu scheitern droht oder an Grenzen stößt angesichts des Systems Pflegeheim und dessen Widersprüchlichkeit oder angesichts der „Apparatemedizin“. Hier könnte man die hauptsächlichen Antworten auf diese sozial bedingte Ohnmacht mit *„Fürsprache und Gegensprache“* übertiteln. Oft – nicht immer – sind es jedoch Geschichten, die vom Scheitern des Widerstands, vom Scheitern, das Wort zu ergreifen und etwas dagegen zu sagen, berichten. Es bleibt der Vorwurf im Nachhinein, das schlechte Gewissen: „Warum habe ich nicht reagiert?“

Glücklicherweise gibt es auch hierzu die Gegenerfahrung:

> *„Ich bin in die Klinik gekommen (morgens) und habe dem Personal gesagt, dass ich, in Absprache mit der Patientin, so lange bleibe, bis ihr Wunsch erfüllt wird. Meine Verantwortung als Fürsprecherin wurde mir bewusst und daraus spürte ich die Kraft, einer ‚Institution‘ gegenüberzutreten, um einem hilflosen Menschen zur Seite zu stehen. Es war eine neue Erfahrung für mich.“*

Das wirft schon die Frage auf: Wie lassen sich die Künste und die Haltungen des Ehrenamts (die Behutsamkeit in der Annährung, die Zeit-Gabe, die Selbstzurücknahme, die Dankbarkeit, das Stiften von Ruhe) eigentlich verbinden mit dem, was in manchen Situationen gefordert wäre: Widerstand, Einmischung, laute Worte, Konfliktbereitschaft.

Wie findet Sterben heute statt?

„In der Hospizarbeit wurden mir heilige Momente geschenkt.“ Das Thema Transzendenz in der Begleitung

Frau NN ist eine elegant-kultivierte Erscheinung, eine Hospizbegleiterin, die auf viele Jahre Erfahrung als Ehrenamtliche zurückschaut. Sie erzählt von einem „Fall“, nein, sie erzählt von einer Frau um die fünfzig. Die ist, so sagt sie selbst, in der DDR in einer gefühlskalten Familie aufgewachsen. Später an Krebs erkrankt. Die medizinische Therapie hat ihr ein paar Jahre Aufschub gebracht. Nun ist der Krebs zurück, Metastasen. Ein aussichtsloser Fall. Eines Tages wird Frau NN von der Dame, die sie begleitet, mit einer sie überraschenden Frage konfrontiert: Ob sie, die Begleitete, sich taufen lassen solle? Die Frage habe sich aus verschiedenen Gesprächen mit dem Pfarrer, der sie besucht hat, ergeben. Es gibt lange, gute Gespräche, an deren Ende sich die krebskranke Frau für die Taufe entscheidet. Bevor aber die Entscheidung in die Tat umgesetzt werden kann, fällt die Patientin, die Begleitete, in ein Koma. Die Familie wird gerufen. Sie kommt, Sohn und Schwiegertochter sind dabei – auch ein großer Hund. Frau NN erzählt von der Tauffrage und stellt schließlich im Angesicht der komatösen Frau und der Familie die Frage: „Sollen wir eure Angehörige taufen?“ Der Sohn erklärt kurz und bündig: „Das ist uns scheißegal!“ Frau NN rückt das Bett in die Mitte des Zimmers, füllt die Obstschale mit Taufwasser und ruft im Hospiz alle zusammen, die laufen oder Rollstuhl fahren können. In der Zwischenzeit schlabbert der durstige Hund Wasser aus der Obstschale. Für ein gemeinsames Lied kommt nur „Stille Nacht“ in Frage, obwohl es Sommer ist. Anderes gemeinsames

Liedgut gibt es nicht. Die Taufe findet statt. Sehr bald darauf stirbt die Frau, die aus dem Koma nicht mehr zurückkehrt.

Ehrenamtliche sind – wie man sehen kann – im schönsten Sinne des Wortes Lückenbüßer. Sie bewegen sich im Provisorischen, sie können der Notnagel am Lebensende sein. Das, was mit dieser improvisierten Taufe geschieht: Das kann kein anderer, das ist im getakteten Zeitbudget des medizinischen oder pflegerischen Personals nicht drin. Ehrenamtliche Arbeit dagegen kann sich ins offene Feld des Unerwarteten wagen, in dem Routine wenig, Erfahrung aber viel zählt.

Eine andere ehrenamtliche Begleiterin erzählt von einer Frau mit Demenz. Sie selbst sitzt auf dem Bett, zum Ende des Bettes hin. Während des Besuchs und des holprigen Gesprächs schält die Patientin mit den Fingern eine Orange ab. Und wirft die Schalenstückchen immer wieder direkt am Ohr der Ehrenamtlichen vorbei. Die sich das gefallen lässt. Aggression? Kontaktaufnahme? Verzweiflung? Wut? Ob nun die Taufe organisiert wird oder die Orangenschalenstücke ertragen werden: Es ist das Geschenk nicht curricular gebändigter Gegenwart, die Ehrenamtliche in der Sterbebegleitung unverzichtbar machen. Hospizbegleiter, ob Frauen oder Männer, kommen in Situationen, in denen sie Magd, Diener oder Gehilfe sein dürfen. Ruderer auch – wie der antike Charon, der die Menschen in seinem Boot von den Ufern der Lebenden zum Ufer des Totenreichs bringt.

Es könnte der Eindruck entstehen, Sterbebegleitung durch Ehrenamtliche sei ein trostloses Geschehen. Das Wort „Trost“ taucht in den Geschichten und Diskussionen mit Ehrenamtlichen nicht häufig auf. Medizinische und pflegerische Begleitung ist ja ohnehin eine ganz und gar „diesseitige“, eine immanente Angelegenheit. Lebensverlängerung: ja oder nein? Schmerzbekämpfung bis zur terminalen Sedierung: ja oder nein? Diese Themen ragen in die Gespräche der Ehrenamtlichen mit Sterbenden hinein, aber sie sind natürlich keine Aufgaben der ehrenamtlichen Begleitung. Man könnte denken, Ehrenamtliche sind zuständig für das, *was im medizinischen oder pflegerischen Handeln nicht zur Sprache kommt*: der Seelenschmerz, die Hoffnung oder die Hoffnungslosigkeit, Versöhnung und Vergebung; auch die Angst um die Menschen, die man zurücklässt. Obwohl nicht wenige Ehrenamtliche aus christlichen Kontexten kommen und aus religiösen Motiven heraus zur ehrenamtlichen Tätigkeit gestoßen sind, verstehen sich Ehrenamtliche nicht als Agenten der „Transzendenz". Sie reden offenbar eher nicht von Hoffnung, Himmel oder Hölle. In ihnen kehrt nicht der Geistliche in säkularisierter Form wieder. Sondern Ehrenamtliche verstehen sich als Zuhörende, als solche, die *einfach da sind*. Traditionelle christliche oder

konfessionelle Bilder spielen in der Begleitung keine starke Rolle. Aber christliche Traditionen sind gegenwärtig – vor allem da, wo der Einfluss der katholischen Religion noch stärker ist. Da sagt ein (männlicher) Begleiter: „Als gläubiger Christ habe ich im Leben und vermutlich auch im Sterben die Sehnsucht, in geklärten Verhältnissen meinen Weg zu gehen, sowohl für mich als auch für mein Umfeld. Müsste Hospizarbeit hierzu nicht einen weiteren Beitrag leisten oder bieten?" Offensichtlich vermisst hier ein Begleiter die verlorengegangenen religiösen Traditionen.

Und dennoch. Frau NN sagt: „Manchmal sind wir Beichtväter. Besonders, wenn es um die Angehörigen geht. Wenn der Kontakt mit der Tochter abgebrochen ist. Wenn ein Konflikt mit dem Bruder unaufgelöst da ist und quält: Mit wem soll darüber gesprochen werden, wenn nicht mit der Ehrenamtlichen? So können Ehrenamtliche zur letzten Vertrauensperson werden, wenn es um Herzensangelegenheiten geht, um das, was jetzt und über das Ende hinaus zur Frage wird. Unvergesslich die Geschichte von dem Mann, der aus dem Gefängnis ins Hospiz verlegt wird und der seinem Sohn, mit dem er keinen Kontakt hat, unbedingt das Einzige, was er hat, vermachen möchte. Eine Uhr. Wer kümmert sich darum? Wer sucht den Sohn? Wer bringt die Uhr zur Reparatur? So etwas können Ehrenamtliche. Die Übergabe der Uhr klappt am Ende nicht, sie scheitert am Zögern des Vaters. Aber die Begleitung besteht hier doch darin, dass die Hospizlerin den letzten Wunsch des Vaters zu realisieren versucht. Ein weltlicher Dienst, der doch auf der Brücke zwischen hüben und drüben stattfindet.

In der Hospizarbeit – so sagt eine Ehrenamtliche – wurden mir „heilige Momente" geschenkt. Und: „Ich darf ein großes Geheimnis berühren." „Niemand auf der Welt", so sagt sie, „könnte mir diesen inneren Reichtum in Geld oder Ähnlichem bezahlen. Sterbende zu begleiten ist ein großer Segen für mein Leben." Man muss solche Äußerungen wohl so verstehen, dass in der Begleitung Sterbender bisweilen die Grenzen immanenter Erfahrung gesprengt werden. Die Erfahrung der Transzendenz liegt da nicht in einer zeit-räumlich gedachten Zukunft, in einem erhofften Paradies. Sie ereignet sich offenbar in Glücksfällen in der Begegnung zwischen Begleiter und Begleitetem, da kann sich gewissermaßen der Himmel auftun. In welchem religiösen oder nichtreligiösen Kontext da gesprochen wird, ist fast gleichgültig.

Aber Ehrenamtliche berichten auch von Erfahrungen, in denen die gewohnte rational gebändigte Realität gesprengt ist: Sie erzählen von Menschen am Ende ihres Lebens, die überzeugt sind, dass noch ein Unsichtbarer im Raum ist. Da ist der katholische Priester, der – so die Begleiterin – „in der Finalphase liegt". Sie berichtet: „Ich besuche ihn. Lange Zeit liegt NN ruhig da, schaut mich nur an, hält meine Hand. Dann deutet er auf die Wand, links neben sich und fragt: ‚Und wer ist hier noch bei uns im Zimmer?‘ Ich bin ein wenig irritiert, da wir allein sind, spüre aber, dass NN es sehr ernst mit seiner Frage meint. Also versuche ich meine Antwort-Gegenfrage – ausweichend und doch ihn in seiner Wahrnehmung ernst nehmend. ‚Weißt du, NN, eigentlich sehe ich nur uns beide, aber du siehst/spürst mehr?‘ NN nickt und schaut wieder zur Wand links neben sich (hinter mir). Meine Unsicherheit wächst. NN ist nicht stark medikamentös behandelt, eigentlich könnte er doch nicht halluzinieren. Ich frage: ‚Sind das Engel?‘ NN strahlt: ‚Das hast du schön gesagt.‘ Er streichelt behutsam meine Hand, streichelt über meinen Arm. Ich bin tief bewegt, irgendwie in einen Bann gezogen. Wieder schaut NN mich fragend an. Ich habe das Gefühl, er erwarte von mir, dass ich weiterspreche. Ich zögere, sage dann: ‚Ist deine Mama dabei?‘ NN gleitet mit seinem Blick sehr langsam die Wand entlang, so als fixiere er eine ‚Person‘ nach der anderen. Dann bleibt sein Blick hängen. Er strahlt wieder, nickt und drückt meine Hand. ‚Jetzt kannst du gehen!‘, meint er. Ich verabschiede mich. NN segnet mich und bittet mich, ihn auch zu segnen. Drei Stunden später stirbt NN.“

Es weht einen aus dieser Geschichte eine Aura des Hörens und Verstehens an, die kaum in Worte zu fassen ist.

In einem anderen Fall sieht sich ein Mann am Ende seines Lebensweges wohl „von einem Kreis der Verschwörer“ umgeben. „‚Mach’ die Leute da raus“, sagt er, kann aber auf die Frage: „Wer ist denn da?“ nicht antworten. Er stirbt einen Tag später. Manche BegleiterInnen sehen solche Begebenheiten als „symbolhaft“ für das Bewältigen von Situationen an, um dann „in Frieden sterben zu können“. Aber es gibt Fälle, wo der Friede nicht da ist – sagt eine Begleiterin –, diese Fälle sind mit großer Aufgeregtheit verbunden. Unbewältigte Ereignisse des Lebens, das ist die Erfahrung der BegleiterInnen, verhindern ein gelassenes Sterben.

Im Ganzen entsteht der Eindruck, dass in der ehrenamtlichen Begleitung an die Stelle der alten Worte (Himmel, Hölle, Jenseits, Gott) etwas tritt, das durch den Begriff „Spiritualität" ersetzt wird. In diesem Wort Spiritualität können sich alle wiederfinden. Das Konzept ist jenseits religiöser Einzelorientierungen konsensfähig und nicht anstößig. Solche postchristliche Spiritualität kann zum Beispiel darin ihren Ausdruck finden, dass der alte Brauch, nach dem Tode eines Menschen das Fenster zu öffnen, aufgegriffen wird. Soll die Seele den Raum verlassen können?

Vielleicht sind Ehrenamtliche manchmal die Anwälte des ganz Anderen im naturwissenschaftlich-medizinischen Kontext, in den das Lebensende heute meistens eingebettet ist. Das klassische christliche Vokabular verschwindet und eine bisweilen amöbenhaft-diffuse „Spiritualität" tritt an die Stelle. Da taucht dann ein Bezug zur „Wiedergeburt" auf oder es ist von den „Wehen in eine andere Welt" die Rede. Gebete, die einmal am Bett des Sterbenden auch gesprochen wurden, um das Böse, das Gefährliche, das im Umfeld des Sterbens lauert, abzuwehren und um durch das Gebet einen Schutzwall zu errichten, sind weitgehend verschwunden. Es herrscht im Reden und Handeln der Ehrenamtlichen – so scheint es – eine Art religiöser Neutralität. Eine Ehrenamtliche berichtet von einer osteuropäischen Pflegekraft, die böse Geister am Sterbebett fürchtet. Die Ehrenamtliche ist befremdet. Das Reden, Handeln und Empfinden der Ehrenamtlichen ist eher von einem nüchternen, säkularisierten Grundton bestimmt. Charakteristisch sind Redefiguren, die ihrerseits wie ein Versuch wirken, das Chaos des Todes zu bändigen: „Sterben ist ein Teil des Lebens." Könnte das auch eine sprachliche Beruhigungspille sein, eine Beschwörung, eine Abfederung vor dem Schrecken des Todes sein – für die Sterbenden ebenso wie für die Begleitenden? Von Verzweiflungsschreien, vom sich Aufbäumen, vom Widerstand ist in den Erzählungen der Ehrenamtlichen kaum die Rede, das Positive überwiegt. „In

Frieden sterben“ – das scheint vielen Ehrenamtlichen besonders wichtig. Sind die alten Dämonen am Sterbebett endgültig vertrieben? Man kann sich fragen, ob es gelungen ist, das Sterben zugleich beruhigend und einebnend zu normalisieren, sodass die Dramatik des Todes sich in Behandlung und Begleitung auflöst. In der alten *ars moriendi* ging es um den Frieden mit Gott und der Welt. Es sieht fast so aus, als wenn in der Begleitung heute der Frieden *mit sich selbst* zum zentralen Kriterium geworden ist.

Noch in den siebziger Jahren konnte man auf Kreta Klageweiber hören. Sie führten ein Ritual aus, das von subjektiven Empfindungen gefärbt war, die dieses aber nicht bestimmten. Sie klagten kollektiv und rituell, die Gefühle der Trauer waren in den Ritus gefasst. Vielleicht könnte man Ehrenamtliche als die TrägerInnen eines ähnlichen, aber in die Zeit des Lebensendes vorgezogenen Rituals verstehen? Die Klage ist dem Gespräch gewichen: Die Ehrenamtlichen machen gewissermaßen ein weltliches Friedensangebot. Ehrenamtliche reagieren damit auf eine atomisierte und säkularisierte Subjektivität, die von der Interaktion zwischen Sterbenden und Ehrenamtlichen – und nur davon – lebt. Das würde bedeuten, dass Ehrenamtliche viel moderner sind als sie sich selbst vorkommen. Sie sind „Profis“ der Kommunikation, mit großer Sensibilität für das, was dran ist, ausgestattet. Sie spenden weltlichen Zuspruch, wo von Trost nicht mehr die Rede sein kann. Die Schwelle des Todes scheint damit immer niedriger zu werden. Vom „Hinübergleiten“ ist eher die Rede, nicht vom Bruch zwischen Hier und Dort: Man könnte sagen, ein niedrigschwelliger Übergang ist das ausgesprochene oder unausgesprochene Ideal. Manchmal scheint es so, als würden Harmonisierungswünsche die Grundmelodie der Sterbebegleitung sein.

„Aus meiner hospizlichen Ausbildung und anderen Fortbildungen weiß ich aber, dass es besonders wichtig ist, am Ende des Lebens reinen Tisch zu machen, unbewältigte Ereignisse aus dem Leben zu klären, um in Frieden gehen zu können.“ Viele Ehrenamtliche sind von einer harmonieorientierten Vorstellung geprägt: „Der Kreis muss rund sein“, ein geschlossener Lebensbogen ist das Gewünschte. Fast könnte man sagen: Hospizkonformes Sterben ist das harmonische, das friedvolle Sterben. Das Bild erinnert an gestalttherapeutische Konzepte. Im „friedlichen Sterben“ wird Vollendung möglich. Das alte christliche Bild von der „Erlösung“, die am Ende der Lebensgeschichte erwartet wird, scheint verschwunden. Nicht das Abgebrochene, die losen Enden, die Verstörung, die Angst oder die Hoffnung überwölben das Ende, sondern der Kreis, die Harmonie.

„Man stirbt, wie man gelebt hat“, sagt eine Begleiterin. Ist darin ehrenamtliches Erfahrungswissen formuliert – oder eher ein Wunsch? Vielleicht ist es eine Mischung, die deutlich macht, dass ehrenamtliche Begleitung (glücklicherweise) nie voraussetzungslos, weltanschaulich steril sein kann, sondern dass die Kostbarkeit der ehrenamtlichen Begleitung darin besteht, sich auch selbst „zu zeigen“, nicht Experte, sondern zuerst und zuletzt Mensch zu sein. Und das heißt, dass Ehrenamtliche ihre Erfahrungen auch mit sich nehmen und sie sich immer wieder fragen, ob sie es gut und richtig gemacht haben. Wie in dieser Geschichte:

> *„Was mich persönlich immer noch beschäftigt, beim Abschied habe ich Herrn NN noch einmal in den Arm genommen, das mochte er gern, und er fragte: ‚Ob wir uns noch wiedersehen?‘ Ich sagte: ‚Wir sehen uns!‘ Es war mir herausgerutscht. Von seinem Tod habe ich erst eine Woche später erfahren!“ Im Gespräch: „Ich hätte das nicht sagen dürfen.“*

Die Frau verspricht dem hoffend Fragenden: Ja, wir sehen uns. Und für die Beteiligten ist doch wohl die verborgene Transzendenz in der Frage spürbar. Die „andere Dimension", in der nicht nur der nächste Besuch angesprochen ist, sondern die Hoffnung auf ein Wiedersehen, die stärker ist als das Dumpf-Diesseitige. Eine berührende Geschichte, die von der undogmatischen Offenheit der Begleitenden spricht. Die immer mögliche Umkehrung, die wohl in jeder Begleitung liegt, hört sich so an:

> *„Ein älterer Mann liegt im Bett, sagt nicht viel, ich stehe etwas verunsichert am Bett. Als ich noch überlege, ob ich den Herrn ansprechen soll, öffnet er die Augen, schaut mich an und sagt sehr klar zu mir: ‚Hab' keine Angst, es ist herrlich, wirklich herrlich, zu meinem Herrn und Gott zu gehen.' Danach schließt er wieder die Augen. Obwohl das Fenster geschlossen war, fühlte ich einen leichten Windhauch. Erst jetzt realisierte ich, dass der ältere Herr sich verabschiedet hatte. Ohne dass wir uns kannten, hatte er meine Angst und Unsicherheit erkannt. Und mir geholfen."*

Aus dem Begleiteten wird in dieser Geschichte der Begleiter. Und die Ehrenamtliche begreift sich als eine, der geholfen wird. Kann es eine schönere Geschichte geben?

Sie sprach oft vom Aufgehen im All, im Nirwana

„Eine Frau, über 80 Jahre, schon seit Jahren im Altenheim, wird fast täglich von ihrer Tochter besucht. In den letzten ca. acht Wochen durfte ich sie begleiten. Von der Tochter wurde ich darauf hingewiesen, dass sie nichts vom christlichen Glauben hält und hören möchte! Für mich eine neue Erfahrung in dieser absoluten Form. Ein weiterer Hinweis war: Rilke – Liebhaberin.

Viele ‚Gespräche' – sie konnte nur sehr schwer sprechen, war aber sehr offen und führte mich, um ihre Überzeugungen kennen zu lernen. Für mich fremd, aber ich wollte mich darauf einlassen: Sufismus – Buddhismus – Hinduismus – Animismus. Für mich eine Suchende ohne (für mich) klare Richtung. Es ging immer schlechter, bis zum Sterbetag. Die Tochter und ich saßen bei ihr. Die Tochter: ‚Warum kann sie denn nicht sterben?' Sie (die Sterbende) rang mit sich, schien nicht gehen zu können: unruhige Hände, Versuche, sich mitzuteilen – aber für uns beide unverständlich. Was hält sie auf, fragten wir uns beide. Von mir ausgehend, überlegte ich: Sie hat Angst, wohin sie geht. Sie sprach oft vom Aufgehen im All, im Nirwana – aber auch von Seelenwanderung. Vielleicht setzte ihr das jetzt zu. Da fiel mir ein Rilke-Gedicht ein vom ‚Fallen'. Alles fällt – diese Hand da fällt – aber alles wird ... (ich weiß das Ende nicht mehr), es fällt nicht ins Bodenlose, sondern es wird von einer Hand aufgefangen! Ich las es vor, ganz langsam – und sie ließ sichtbar los (auch Überzeugung der Tochter) und – starb."

Wenn eine Seele frei und der Knoten gelöst ist

„Begleitung einer alten Dame im Altenheim, welche seit Jahren bettlägerig war oder im Rollstuhl und nur schwer ansprechbar war. Mein sehnlichster Wunsch war, ihr das Gefühl von Geborgenheit zu geben und sie im Gebet und guten Gedanken frei und froh werden zu lassen ... dass das Leben nicht endet und sie in eine gute Zukunft gehen darf mit der Fürbitte der Knotenlöserin in St. Peter am Perlach in Augsburg.[9] Es ist für mich immer wieder ein freudiges Gefühl der Erleichterung, wenn eine Seele frei ist und der Knoten gelöst ist, der den kranken oder alten Leib noch im Diesseits gebunden hat.

Ich merke auch immer wieder, dass die Menschen, während ich mit dieser Haltung bei ihnen bin, einen ruhigen Eindruck machen. Dies gibt mir Kraft und Ruhe, bei ihnen zu sein."

9 Maria Knotenlöserin – auch Knotenmadonna oder Maria vom Knoten – ist ein Gnadenbild in der katholischen Wallfahrtskirche St. Peter am Perlach in Augsburg.

Ich sang ganz leise ...

„Ich bringe ins Hospizhaus (seit 15 Jahren) die Krankenkommunion, bete mit den Gästen des Hauses oder aber wenn kaum etwas möglich ist, verweile ich im Zimmer, bete im Stillen, manchmal summe ich, segne mit Weihwasser die Stirn, die Hand.

Am Jahresende 2017 (Silvester) war ich bei einem jungen Mann (Engländer, ein Mitarbeiter von EON). Von der diensthabenden Schwester wusste ich, dass neben der Sprachbarriere auch eine sonstige Kommunikation nicht möglich ist (Tumor im Kopf). Ich sang ganz leise in meiner Muttersprache (polnisch) die wunderschönen, polnischen Weihnachtslieder. Die deutschen kenne ich auch alle gut, weil ich Christ bin und gerne die Gottesdienste besuche. Nur die deutschen Lieder finde ich nicht so bewegend und melodisch wie die polnischen. Der junge Mann hielt mich fest an der Hand, aus den Augen kommen Tränen heraus. Das Gleiche wiederholte ich einige Tage später. Und als er schon tot war (ich war an dem Morgen da), kam sein Freund aus England, um Abschied zu nehmen, und am Totenbett (ich war gerade im Haus) habe ich auch noch einmal leise die gleichen Lieder gesummt, das Vaterunser gebetet und beide Herren gesegnet (Weihwasser).

Ich hoffe sehr, dass der Tote auch an diesem Morgen das Summen und das Gebet gehört hat und der Freund und die Familie (der Bruder kam nach einem Anruf auch). Sie fuhren nach England mit gutem Bild über unser Land, über Hospize in Deutschland.“

Mutter rief kraftvoll: „Ja, ja, ja!“

„Eine spirituelle Geschichte beim Sterben meiner Mutter! Sie lebte in einem Seniorenhaus. Sie wurde 90 Jahre alt. Zuletzt hatte sei Krebs und die Kräfte verließen sie. Als ihr Ende nahe war, saß ich an ihrem Bett, nachdem ihre Söhne gegangen waren. Ich spürte bei ihr eine starke Unruhe. Seit Stunden sagte sie kein Wort mehr und hatte die Augen geschlossen. Doch dann riss sie die Augen auf. Ich, ihre Tochter, hielt eine Hand. Meine Mutter rief kraftvoll: „Ja, ja, ja!“, mit solch einer Freude - und ging dahin. Ich glaube so und so an ein Leben nach dem Tod. Ich erlebte dies als eine Bestätigung, dass es etwas sehr Schönes geben muss, wohin auch ich mal gehen werde. Banal oder nicht, ich habe es so erlebt!“

Die Perspektive der Betroffenen

Kann ehrenamtliche Begleitung lästig sein? In manchen Geschichten der Ehrenamtlichen wird erzählt, dass die angebotene Begleitung auf Ablehnung stößt. Manchmal ist es möglich, die Ablehnung zu durchbrechen, manchmal scheitert die Begleitung. Jedenfalls macht das Auftreten der Begleiterin dem Betroffenen zunächst einmal sehr konkret deutlich, dass er/sie sich tatsächlich auf dem Weg zu seinem Ende befindet. So kann die Ehrenamtliche auch als die Botin wahrgenommen werden, in der die Nachricht vom nahenden Ende unübersehbar Person wird. Ist die Ehrenamtliche da, lässt sich das Ende nicht mehr wirklich leugnen. Was ist die Ehrenamtliche, wenn sie mit den Augen eines Betroffenen, der da im Bett liegt, betrachtet wird? Was offenbart die Perspektive des Bettlägerigen? Ist die Begleiterin Trösterin? Hilfe? Unterhaltung in Stunden der Langeweile oder der Angst?

Manchmal wird sie, die Ehrenamtliche, zunächst als eine pflegerische Hilfskraft wahrgenommen: So fragt der Ehemann einer zu Hause gepflegten Frau, die an einem Hirntumor leidet, die Ehrenamtliche bei ihrem ersten Besuch nach den Leistungen, die sie erbringt: „Pflegen Sie? Geben Sie Spritzen?“ Als die Ehrenamtliche verneint, sagt der Ehemann, er sähe dann keinen Sinn in ihren Besuchen. Sie bleibt und schließlich werden ihre Besuche von der Familie, auch vom Ehemann, sogar als „schön“ empfunden.

Was habe ich als Betroffene, als Betroffener von der ehrenamtlichen Begleitung? Die Frage ist bisweilen im Raum – das Angebot ehrenamtlicher Begleitung wird nicht immer nur mit Dankbarkeit aufgenommen.

In dieser ernsten, letzten Lebenssituation kann die begleitete Person indessen auch zum Stichwortgeber, ja, zur eigentlich handelnden Person werden.

> *„Frau NN, 84 Jahre, lebt seit fünf Jahren im Seniorenheim. Sie hatte Krebs und war mit Radium bestrahlt worden, obwohl ihre Venen in der Leiste sich immer wieder schlossen. Mittlerweile war sie zwölfmal nach fast unerträglichen Schmerzen operiert worden. Die letzten Male hatte sie schriftlich festgelegt, dass sie nicht mehr aufwachen wollte. Sie hatte mit der Ärztin gesprochen, die es ihr versprochen hatte. Sie wachte jedoch jedes Mal nach der OP wieder auf, tief enttäuscht und voller Zorn."*

Der Hospizbegleiterin gelingt es, ein gutes Vertrauensverhältnis zu ihr aufzubauen. Und sie wird gebeten, den Willen der Patientin umzusetzen.

> *„Da ich nur einmal in der Woche bei ihr war, passierte wieder zweimal die Einlieferung in die Klinik. Ich sprach mit der Einsatzleitung des Hospizvereins und der Stationsleitung im Altenheim. Ein Medizinanwalt wurde eingeschaltet, verfasste eine Verfügung für sie, die sie unterschrieb. Bei dem nächsten Verschluss wurde sie zwar wieder ins Krankenhaus gebracht, doch man operierte sie nicht mehr, dank der Verfügung. Sie wurde nur schmerzfrei eingestellt und wieder ins Seniorenheim gebracht. Dort verstarb sie sehr friedlich, als ich mich gerade verabschiedet hatte, um nach einem Besuch nach Hause zu gehen."*

Offensichtlich ist hier die Begleitete mit ihrem Wunsch an eine Ehrenamtliche geraten, die beherzt das beigetragen hat, was wichtig und richtig war. Im Grunde ein Akt, in dem die Ehrenamtliche einen entfesselten

Operationskreislauf, der von der Operierten nicht gewollt wurde, unterbrochen hat. Sie hat den Wunsch der Begleiteten mit allem Ernst gehört und die Verwirklichung des Wunsches ermöglicht. Es ist ein Bündnis zwischen dem Zorn der Frau, die nicht mehr aufwachen will, und der Entschlossenheit der Ehrenamtlichen, diesem Wunsch Raum zu schaffen.

Die Perspektive der Betroffenen rückt natürlich auch dann in den Mittelpunkt, wenn etwas aus der Lebensgeschichte aufbricht. So erzählt eine Frau mit mittelschwerer Demenz gern von ihrer Kindheit, sagt die Ehrenamtliche:

> *„Als ich sie einmal besuchte, stand eine halbfertig gegessene Mittagsmahlzeit vor ihr und als ich sie fragte, ob es ihre schmecke, begann sie bitterlich zu weinen. Auf meine Frage, was sie denn so betrübe, nahm sie die Hände in die Höhe und bat mich flehentlich, sie nicht zu schlagen, weil sie nicht leergegessen hätte. Sie wolle auch zusätzliche Stallarbeit leisten, nur nicht geschlagen werden."*

Die Frau erzählt, dass sie den Teller immer habe leer essen müssen, weil sie sonst die schwere Arbeit nicht hätte verrichten können, die ihr aufgetragen war. Sie wurde geschlagen oder bei den Schweinen eingesperrt, wenn sie nicht aufgegessen hatte. Es ist eine erschütternde Geschichte und sie zeigt, wie wichtig es ist, in der Begleitung auf die Lebensgeschichte zu hören, soweit es möglich ist. Angesichts der Tatsache, dass Ehrenamtliche berichten, Begleitungen würden immer kürzer, weil die Sterbenden oft in sehr spätem Stadium in die hospizliche Betreuung kämen, wird es immer schwieriger, die Zeit für lebensgeschichtliche Erzählungen zu finden.

Wahrscheinlich sind jene Begleitungen besonders schön und bedeutungsvoll, in denen die Begleitende bei der begleiteten Person eine innere Tür zu öffnen imstande ist, die einen neuen und eigenen Blick auf das Leben eröffnet. Man könnte auch sagen, wo es einer Ehrenamtlichen gelingt, jemanden zart an die Hand zu nehmen und zu sich selbst zu führen. Das scheint so in der Geschichte einer magersüchtigen Frau zu sein, die sechs Monate lang begleitet wurde. Diese Frau war seit ihrem neunten Lebensjahr magersüchtig, sie hatte ihr Leben eigentlich in Kliniken verbracht. Die Ehrenamtliche beginnt mit ihr eine Bilderreise. Anfangs steht die magersüchtige Frau auf einem wüsten Sandfeld. Nach und nach schafft sie sich eine schöne Landschaft. Eine Wiese mit bunten Blumen. Einen großen Baum mit einer Bank. Darauf saß sie mit ihrer (verstorbenen) Großmutter, mit der sie eine engere, liebevolle Beziehung hatte. Dabei waren auch zwei Hunde, die sie gehabt hatte, die aber gestorben waren,

und ihre Schwester, die sich um sie kümmert. Die begleitete Frau war glücklich mit diesem Bild, sie freute sich.

Es klingt fast so, als wenn dieses düstere magersüchtige Leben, das bald danach endete, noch einmal mit Farbe erfüllt wurde. Etwas, was die betroffene Frau selbst geschaffen hatte – aber was ihr nur gelingen konnte, weil sie diese ehrenamtliche Begleiterin hatte.

Die Perspektive der Betroffenen zur Geltung kommen zu lassen, das klingt nach einer selbstverständlichen Devise ehrenamtlichen Handelns. Aber diese Geschichte zeigt, dass es die Sternstunden gibt, in denen das in besonderer Weise gelingt. Es gab einst die Kunst des Sterbens: *ars moriendi.* Heute tritt die *ars comitandi*, die Kunst der Begleitung, an die Stelle – zumindest hinzu.

Die immer wieder auftauchende Frage nach dem Sinn spielt auch in diesem Zusammenhang eine wichtige Rolle. Zugespitzt könnte man sagen: Während die Betroffenen sich mit der Sinnlosigkeit des Sterbens konfrontiert sehen, erhoffen sich die Begleitenden Sinnerfahrung. Das sieht nach einem unlösbaren Konflikt aus. „Weil ich eine sinnvolle Tätigkeit ausüben möchte", sagt ein Begleiter zu seiner ehrenamtlichen Tätigkeit, der sich ausdrücklich als Atheist beschreibt. Wie klingt das eigentlich in den Ohren der Betroffenen, der Sterbenden? Betrachten sie diesen „Mehrwert", der aus der hospizlichen Tätigkeit entspringt, womöglich mit Misstrauen? Motto: „Ihr sucht nach Sinnerfüllung auf meine Kosten."

Je mehr der Frage nach „Sinn" in einer naturwissenschaftlich-rationalen Welt etwas nahezu Altmodisch-Museales anhaftet, desto mehr werden Ehrenamtliche gewissermaßen als Träger einer verschwindenden Kultur erkennbar, in der sie das Risiko eingehen, in einer Welt des Messens und Planens als „Sinnsucher" Spott auf sich zu ziehen. Je mehr Geld und Karriere zu bestimmenden Lebenszielen werden, desto eher wird die Suche nach Sinn gewissermaßen altmodisch-abseitig. Darin sind dann – so darf vermutet werden – Reste eines Widerstands gegen Sinnentleerung spürbar, deren gesellschaftliche Bedeutung weit über die Hospizarbeit hinausweist. „Das, was wir Sinn nennen, wird verschwinden", formulierte der Frankfurter Soziologe Max Horkheimer skeptisch. Am Rande des Lebens und am Rande der Gesellschaft sprudelt diese Sehnsucht offenbar noch. Ob als Auslaufmodell oder als energischer Neuanfang, bleibt offen. Fraglich ist, ob in diesen Formulierungen der „Sinn" als etwas Machbares oder als Geschenk oder Widerfahrnis gedacht ist. Mit aller Vorsicht könnte man sagen, dass die Sterbenden ein letztes Geschenk machen: Sie ermöglichen den Begleiterinnen und Begleitern die Erfahrung von Sinn, der zu einem raren Phänomen geworden ist.

Wie gehe ich nach Hause?

Wie verabschieden sich Ehrenamtliche? Wie gehen sie nach Hause, was nehmen sie mit, was können sie (zurück-)lassen? Das Thema „Nähe–Distanz“ und – dazu gehörig – das Abschließen von Situationen, Geschichten, Begleitungen ist für Ehrenamtliche und eigentlich in allen („supervisionsbedürftigen“) helfenden Betätigungen und Berufen solchermaßen bekannt und präsent, dass sich diese Frage auch hier nahelegt: Wie gehst du wieder raus aus der Beziehung, aus der Begleitung? Wie gehst du generell damit um? Du kannst ja nicht alles mit nach Hause nehmen – gerade, wenn Menschen versterben.

Aber einmal diese (klassischen) Fragen so gestellt, wird klar – dazu reicht es, einige unserer Geschichten, die dazu erzählen, zu überfliegen –, dass man gedanklich schon den ersten falschen Schritt gemacht hat. Diese Fragen sind möglicherweise nämlich falsch gestellt.

1. Die Sterbenden verabschieden sich – nicht umgekehrt

Denn es sind oft nicht die Ehrenamtlichen und die Weiterlebenden, die den Abschied gestalten und „machen“, sondern es sind die Sterbenden selbst, die mit Worten oder Gesten den (letzten) Abschied eröffnen:

> *„Beim Abschied brachte er mich zur Tür. Kaum gehen konnte er. Etwas war ihm wichtig. ‚Sie sind ein Geschenk.‘ Er winkte mir und mir war klar – ob ich ihn noch einmal sehen werde?! Ich schlief schlecht. Am nächsten Tag erhielt ich den Anruf, dass er unerwartet plötzlich verstorben sei.“*

Die Aktivität scheint manchmal in solchem Maße bei den Sterbenden zu liegen, dass sich sogar die Sorge-Richtung umkehrt – der unsicheren Begleitung wird geholfen:

> *„Oft denken wir, dass wir helfen müssen, aber wir erfahren, dass uns geholfen wird."*

Diese Abschiede, die von den Sterbenden ausgehen, dürften den „heiligen Momenten" gleichkommen und besonders im Gedächtnis bleiben. Der Abschied erhält dann ein besonderes und besonders positives Gewicht in der Erinnerung. Beispielsweise auch dann, wenn die Sterbenden von einer starken spirituellen Vorstellung getragen werden und diese mit den Ehrenamtlichen teilen:

> *„Abschied von der Patientin mit dem Gedanken an ihr Bild ihres ‚Empfangen-Werdens' von ihrer Mutter (die sie zeit ihres Lebens schmerzlich vermisst hat) und ihres früh verstorbenen Kindes. Das Bild der Patientin: Die Mutter hält sie im Arm, sie hält ihr früh verstorbenes Kind im Arm. Sie ist angekommen."*

2. Gute und schlechte Gefühle

Darüber hinaus scheinen sich gute Gefühle und ein „runder" Abschied unter anderem dann einzustellen, wenn die „Dosis" von Nähe und Distanz, Dabeisein und Gehenlassen, klar gefühlt und geteilt wird. So berichtet etwa eine ehrenamtliche Begleiterin von einer Dame, die sie über zwei Jahre ambulant – und am Schluss im Hospiz – begleitet hatte:

„Am letzten Tag hat sie mich mit Freude begrüßt und fiel dann in einen Dämmerzustand, der mich veranlasste, die Nähe aufzugeben und eine räumliche Distanz herzustellen. Ich rückte immer weiter vom Bett weg. Habe auch geschwiegen. Sie brauchte viel Raum, um gehen zu können (auch wenn wir Freundinnen geworden waren).“

Das schweigende Einverständnis über das Spüren und das Gefühl ist nicht nur das, wodurch die Ehrenamtlichen Zugang finden, es einem anderen Menschen erlauben, sich zu öffnen, sondern dieses Gespür sagt auch, wann es Zeit ist, „vom Bett wegzurücken“ und dem Sterbenden zu ermöglichen, sich zu verschließen und zurückzuziehen.

Es gibt aber auch Geschichten und Situationen, die schlechte Gefühle hinterlassen, unter Umständen ein schlechtes Gewissen, und die dazu führen, dass gegrübelt wird: Ist mir noch ein falsches Versprechen oder ein ungeschicktes Wort herausgerutscht? Warum war ich nicht bei ihr, als sie starb? Solche oder ähnliche wie auch die folgenden Gedanken, gehen dann noch nach:

„Drei Tage später, ist Herr NN gestorben. Was mich persönlich immer noch beschäftigt, beim Abschied habe ich Herrn NN noch einmal in den Arm genommen, das mochte er gern, und er fragte: ‚Ob wir uns noch wiedersehen?‘ Ich sagte: ‚Wir sehen uns!‘ Es war mir herausgerutscht.“

„Mich beschäftigt nun immer noch die Frage, ob ich eventuell zu früh gegangen bin oder ob vielleicht die Patientin gewartet hat, bis ich endlich weg war, um in Ruhe zu sterben. Das andere Problem für mich ist, am Freitag zu bereitwillig auf den Besuch verzichtet zu haben wegen anderer Termine.“

„Ich habe im Juli zwei Wochen Urlaub gehabt und war nicht bei ihr, als sie starb. Ich kam 18 Minuten zu spät. Ein schlechtes Gewissen kam über mich ...“

Die Vermutung liegt nahe, dass das für die Weiterlebenden bedeutsamer ist als für die Sterbenden selbst. In den Gesprächen hatten wir den Eindruck, dass jeder so etwas berichten konnte und sich ein schlechtes Gewissen machte, aber gleichzeitig die Anderen, die Ähnliches berichteten, mit den besten Gründen von jeglicher Schuld freisprach.

An dieser Stelle wurde aber deutlich, dass die Nachgeschichte im Leben der Ehrenamtlichen stets die *Supervision* (für diese und ähnliche Fragen) mitbeinhaltet. Die Supervision kann in ihrer Bedeutung kaum überschätzt werden. Folgen wir den Auswertungen unseres Fragebogens und den Gesprächen, ist die Supervision *der* Ort schlechthin (gefolgt, aber weit abgeschlagen, vom Dialog mit dem Lebensgefährten oder der Lebensgefährtin) des Nachdenkens, des Austauschs, des Auf- und Durcharbeitens der Erfahrung. Insbesondere jener Probleme, die unter das Stichwort „Nähe-Distanz“ fallen. Aber die Supervision ist vermutlich noch mehr. Es ist der Ort in der Organisation der ehrenamtlichen Arbeit, wo sich die ehrenamtliche Identität festigt, die Leitbilder (vom friedlichen Sterben, vom „Einfach da sein“ usw.) entstehen sowie die eigene Sprache entwickelt[10] wird. Wir wissen wenig darüber, wie einheitlich oder unterschiedlich die Supervisionen gestaltet werden, aber was wir wissen, ist: ihre Bedeutung ist groß.

10 Hermann, Ursula (2017): „Je länger ich dabei bin, umso durchlässiger werde ich“ Palliative Care im Fokus von Supervision: eine ethnografisch-partizipative Untersuchung von Palliativ- und Hospizteams. Dissertation. Alpen-Adria-Universität Klagenfurt, Wien.

3. Anruf und Beerdigung

In der Sterbebegleitung sind bedeutsame Beziehungen entstanden – natürlich zwischen der BegleiterIn und dem oder der Verstorbenen. Für den „guten“ Abschied dürfte es aber auch wichtig sein, dass diese Beziehungen auf dem „Niveau“ dieser Bedeutsamkeit nach dem Tod *fortleben*. Das heißt zunächst auch, dass sie gewürdigt und gesehen werden; es heißt zweitens, dass diese Beziehung in der Begleitung aber auch weitere Beziehungen gestiftet hat (zur Familie der Verstorbenen) oder von einem kooperativen Sorgenetzwerk getragen wird (Beziehung zu den Pflegepersonen und der Einrichtung). Die Kommunikationen und Rituale der Weiterlebenden müssen irgendwie der Bedeutsamkeit der Erinnerung und der Beziehung gerecht werden. Ob das gelingt, entscheidet sich oft daran – oder lässt sich daran ablesen –, ob zwei symbolische Handlungen bzw. Rituale gelingen oder misslingen. Das eine ist der *Anruf*, also die zeitnahe Information durch die Pflege oder die Einrichtung, dass eine begleitete Person nun verstorben ist (oder im Sterben liegt in Verbindung mit der Frage, ob man noch einmal vorbeikommen wolle). In diesem Anruf steckt auch die Anerkennung, dass Ehrenamtliche im Verbund der Helfenden eine achtenswerte Rolle spielen und dass gesehen wird, wie wichtig den Ehrenamtlichen eine Beziehung geworden ist. Bleibt der Anruf aus – fehlt der Abschied und ein schlechtes Verhältnis zur Einrichtung zementiert sich.

> *„Ich versprach, nach den Feiertagen gleich wieder zu kommen. Vom Personal war niemand zu sprechen. Bei meinem Besuch fand ich nur noch eine Todesanzeige im Flur. Bis heute fehlt mir der Abschied.“*

> *„Schichtwechsel im Pflegeheim oft ein Problem: Man wird als Ehrenamtliche nicht benachrichtigt, wenn jemand stirbt. Dann geht die Koordinatorin hin und sagt: Leute, so könnt ihr nicht mit uns umgehen.“*

Der zweite symbolisch wichtige Ort ist die *Beerdigung oder Trauerfeier*, die oft einen *Übergang* für eine bleibende gute Beziehung mit der Familie und den Angehörigen ermöglicht. Das Einbezogenwerden etwa durch die Kinder der Verstorbenen würdigt die ehrenamtliche Arbeit in besonderer Weise.

„Wir haben dann vom Hospizdienst eine Verabschiedungsfeier ausgerichtet – es kamen die Familie mit etwa 80 Gästen, ehemalige Arbeitskollegen, Nachbarn und Freunde zusammen und bei Getränk und Schnittchen wurde viel über den Toten gesprochen und wir haben zueinander gefunden."

„Ihr Sohn, den ich bis dato nur aus Erzählungen von ihr kannte, ließ eine letzte Verabschiedung zu, was ich als sehr wichtig und bereichernd empfand! Trauerfeier, Beisetzung, Texte, Einladung: überall wurde ich von Sohn und Tochter der Sterbenden einbezogen."

Der Anruf und die Beerdigung sind wie Vergrößerungsgläser, durch die man Achtung und Missachtung, Sichtbarkeit und Unsichtbarkeit der ehrenamtlichen Hospizarbeit erkennen kann. Beide sind geradezu symbolische Handlungen, die Beziehungen und Erinnerung stiften – manchmal gelingt beides:

„Am Tag, bevor sie starb, rief das Pflegeheim an und fragte, ob ich noch mal kommen kann, und das habe ich dann auch gemacht. Und als sie dann gestorben war, rief der Sohn an und – und das hab' ich, ich bin ja fast zwanzig Jahre im Hospiz, noch nie erlebt, dass direkt jemand anruft und sich bedankt. Meistens läuft das über die Institution. Und der Sohn hat sich bei mir bedankt für die liebevolle Betreuung und ich habe ihm gesagt: ‚Ich habe ihre Mutter als eine ganz sympathische nette Frau erlebt.' Und da sagte er: ‚Oh, da haben sie aber eine ganz andere Wahrnehmung, als wir die hatten. Meine Mutter war sehr aggressiv und ein sehr taffer Mensch.' Da war ich sehr überrascht."

Was bleibt?

Hospizliche Begleitungen sind oft intensive Erfahrungen, die im Leben der Ehrenamtlichen einiges verändern: sozial und persönlich. Was nach dem Tod und dem Abschied von den Verstorbenen noch bleibt, das sind – sozial – neue Beziehungen, in der Regel zu den Angehörigen der Verstorbenen. Und es sind – persönlich – prägende Erinnerungen aus der Begleitung, an „heilige“ Momente und an die verstorbene Person, die einen großen Einfluss auf die eigene Lebensführung und Lebenshaltung ausüben und als „existenzielles Geschenk“ erfahren werden.

1. Hospizbegleitung stiftet Beziehungen über den Tod hinaus

Es fällt auf, wie oft Geschichten von Ehrenamtlichen davon berichten, dass nach dem Tod des betreuten Menschen die Beziehungen zu Angehörigen fortleben und weiter gepflegt werden. Das ist wichtig zu bemerken, denn es relativiert das so starke Bild der Begleitung des Daseins „am Bett“ als einer Verbindung zwischen einem Ich und einem Du. In den Worten einer Ehrenamtlichen selbst: „Es ist immer ein ganzes System, das betreut wird.“ Das Bewusstsein von der Bedeutung der hospizlichen Begleitung nicht nur für die begleitete Person, sondern für das ganze soziale System, ist bei den Ehrenamtlichen selbst groß – auch das Bewusstsein der verschiedenen Rollen von Ehrenamtlichen darin („Moderatorin“, „Brücken bauen“, „Angehörige stützen“, „die ganze Familie entlasten“, „Mediator“). So heißt es etwa bei einer Begleitung in einer komplexen Lebenssituation einer Familie:

„Es profitierte die ganze Familie durch den Einsatz. D. h. die Ehefrau konnte bei Nacht schlafen, der Restaurantbetrieb konnte besser fortgeführt werden und der Patient wirkte sichtlich ruhiger und entspannter.“

Häufiger noch sind jedoch die Erzählungen, die von Konflikten in der Familie sprechen und dem Bestreben der Ehrenamtlichen, noch einmal letzte Kontakte oder Versöhnung zu ermöglichen – oder davon, wie schwer sich die Angehörigen damit tun, mit dem Sterben umzugehen. Ehrenamtliche Hilfe kann da manchmal Brücken bauen:

„Die Tochter hatte Angst vor dem Sterben, nachdem sie beim Tod ihres Vaters nicht dabei sein konnte. Nun erzählte sie vieles, wie es bei der langen Pflege der Mutter zuging, auch dass sie halt manchmal ungeduldig war und die Nerven verloren hat. Sie sprach und sprach …“

Gerade auch hier, indem wir die Aufmerksamkeit auf das lenken, was nach einer Begleitung noch bleibt, wird der zivilgesellschaftliche Charakter der ehrenamtlichen Arbeit – als Veränderung der „community“, der lokalen Beziehungsnetzwerke – sichtbar. Deshalb ist es auch gar nicht so überraschend, dass die entstandenen Beziehungen, nicht zuletzt die gemeinsame Erinnerung an die Verstorbenen sowie die Trauer weiterleben. Zum Fortleben der Beziehungen heißt es in den Erzählungen beispielsweise und oft wie beiläufig:

„Zur Tochter habe ich nach elf Jahren noch Kontakt.“ „Die Familie bleibt also weiter mit uns verbunden und umgekehrt. Was für ein Geschenk.“

Durch dieses Fortleben der Beziehungen bekommt die Beziehungsweisheit – oft assoziiert mit den Zugangs- und Daseinskünsten „am Bett“, örtlich und zeitlich auf diese letztlich unmittelbaren und engen Zeiträume beschränkt – eine übergenerationale Dimension. Alt und Jung lernen einander kennen.

„Die letzten vierzehn Tage war ich fast täglich bei ihr. Sie geht mir nicht aus dem Kopf. Das Verhältnis zu ihrer Tochter war ihrerseits sehr angespannt. Mich hat das nicht betroffen. Heute bin ich mit ihren Kindern befreundet. Nach dem Tod der Mutter habe ich die Tochter einige Zeit begleitet und wir haben viel die ‚Ungerechtigkeiten‘ in ihrer Elternfamilie besprochen. Abgewandelt hat die Tochter das Gleiche erlebt wie die Mutter. Brüder durften studieren, sie nicht.“

„Die Familiensituation entspannte sich merklich, und ich hatte das Gefühl, etwas Sinnvolles getan zu haben. Einige Jahre später traf ich den damals jugendlichen Sohn zufällig in einem Krankenhaus, wo er eine Ausbildung machte. Er hat mir erzählt, wie es ihm ging, und ich freute mich darüber. Er hatte im Leben Fuß gefasst.“

Manchmal werden über ein Geschenk auch Beziehungen gestiftet, die keine familiären sind. Von einer schwer kranken Frau, die keine Angehörigen hat, keinen Mann, keine Kinder, wird erzählt:

„Trotz ihres schwierigen Wesens wollte sie noch etwas Gutes hinterlassen: Sie schenkte ihr Haus einer alleinerziehenden Mutter. Ab und an treffen wir uns noch, um noch einiges zu bereden. Die Frau [die beschenkte alleinstehende Mutter] erzählt Dinge, die andere nicht gesehen haben, dass sie [die Verstorbene] Zuwendung gebraucht hätte und Vertrauen. Die Leute sind ihr abhandengekom-

men. Ich bin ja jeden Tag vorbeigefahren – deswegen habe ich eine bleibende Erinnerung. ‚Wird der Garten gepflegt?' ‚Das wird er.'"

Was auch bleibt, das sind, wie dieser Garten, Orte und Dinge, die an die Verstorbenen erinnern:

„Wenn ich zufällig am Haus vorbeifahre, sind meine Gedanken für kurze (oder lange?) Zeit bei ihnen."

Die Beziehungsweisheit der Ehrenamtlichen umfasst also nicht nur die Zugangs- und Daseinskünste in einer der schwierigsten Situationen des Lebens, sondern auch eine Art, sich um die Toten weiter zu kümmern, sich ihrer zu erinnern.

2. Beschenkt werden – Was bleibt, sind die Gaben der Sterbenden

In unseren Gesprächen, in den von den Ehrenamtlichen niedergeschriebenen Geschichten und auch in den schriftlichen Antworten auf die Frage nach einer zentralen Lebenserfahrung aus der Hospizarbeit nehmen Ausdrücke aus dem begrifflichen Umfeld des Schenkens und des Gebens breiten Raum ein: *schenken, beschenkt werden, zurückbekommen, geben.* Ganz allgemein gesprochen verläuft die Gabe durchaus in zwei Richtungen. Von Seiten der Ehrenamtlichen heißt es, sie „schenken Zeit" – und umgekehrt hören wir oft, wie aus der Begleitung eine Beziehung und Erfahrung erwachsen ist, durch die die Begleiterin oder der Begleiter „beschenkt" wurden. Was ist uns aufgefallen?

Es gibt eine Reihe von Aussagen, die das *Empfangen, das Beschenkt-Werden* betonen, etwa, wenn es heißt, dass die Hospizarbeit „mein Leben bereichert …“. Oder:

„Wir sind reich, dass wir das alles erleben können, was wir erleben.“
„Diese Geschichte ist ein Geschenk für mich.“
„Es war eine wunderbare Frau! Sie hat mir unheimlich viel gegeben.“

Dann gibt es einige Aussagen, die nicht das Empfangen, sondern *das Geben* hervorheben – diese hören sich „klassisch“ an, wie:

„Ich kann Menschen meine Zeit schenken …“

Auffallend aber ist, dass die meisten *ausdrücklichen* (also die reflektierten und bewussten) Antworten nicht das eine oder andere, sondern die *Gegenseitigkeit des Gebens und Empfangens*, des Zurück- oder Weiter-Gebens erwähnen, wie etwa:

„Wer anderen etwas gibt, bekommt auch viel wieder.“
„Man bekommt so viel zurück.“
„Der Dienst am Nächsten ist bereichernd und schön.“
„Weil ich der Gesellschaft etwas zurückgeben will.“
„Das Geben und Nehmen ist schon wichtig.“

Schließlich findet sich in den Geschichten noch die *Bedeutung von „Gaben“ für die Sterbenden* selbst. Es werden Erinnerungen weitergegeben an die Kinder oder es wird von einer 80-jährigen Frau im Hospiz erzählt, die noch etwas bastelt, das sie ihrer Enkelin weitergeben kann. Aus der Begleitung und einer Idee entwickelt sich geradezu ein Gabe-Kreislauf:

„Frau NN, 80 Jahre alt, war Gast im Hospiz. Schwer krebskrank war sie noch oft im Haus unterwegs und unternehmungslustig. Sie wollte zum Beispiel im Büro helfen und hat Briefe gefaltet. Im Gespräch mit ihr habe ich erfahren, dass sie Buchbinderin gelernt hat (‚Das war die schönste Zeit meines Lebens.‘). Ich habe sie gefragt, ob sie Origami kennt. Sie kannte es nicht. Kurze Zeit später haben wir zusammen die ersten Kraniche gefaltet. Es hat sie sehr angestrengt, aber sie wollte es unbedingt alleine schaffen. Danach hat sie stolz und strahlend verkündet, dass sie den Kranich ihrer kleinen Enkeltochter schenken wird. Wir haben uns noch zweimal zum Kraniche Falten getroffen.
Im Sterbeprozess hat die Schwester zu ihr gesagt, dass die Kraniche sie jetzt hinübertragen werden. Zwei Wochen nach unserem ersten Treffen ist Frau NN gestorben. Eine Kranichfamilie fliegt seitdem über dem Esstisch vom Hospiz.
Für mich war es sehr schön zu sehen, mit welcher kindlichen Freude sie die eine oder andere langweilige Stunde im Hospiz überwunden hat. Dass die Schwester das Bild aufgenommen hat, hat mich sehr berührt. Ich habe das Gefühl, Frau NN noch ein kleines Geschenk gemacht zu haben.“

3. Die Gaben der Sterbenden

Was heißt es aber nun, beschenkt zu werden von dem Menschen, der begleitet wird? Für die Ehrenamtlichen scheinen diese Erfahrungen so selbstverständlich zu sein, dass man darüber vergisst, wie erstaunlich sie eigentlich sind. Was hätte ein Mensch am Lebensende (oder in schwerer Krankheit, im hohen Alter, in der Demenz) zu geben? Leiden und Abhängigkeit von anderen verweisen ja gerade auf die Verminderung des Vermögens, zu handeln und zu existieren. Der Mensch im Sterben kann ja gerade nicht mehr aktiv etwas geben. Ist das nicht eine der großen Kränkungen des Krankseins, dass man nicht mehr „beiträgt", „leistet", sondern gar zur Last fällt?

Aber in dieses scheinbar selbstverständliche Bild (das sich gerade aus der Perspektive des Alltags der Gesunden rasch einstellen dürfte) haben sich gleich zwei entscheidende Fehler eingeschlichen:

Einen ersten Hinweis finden wir vielleicht darin, dass in den Erzählungen der Ehrenamtlichen immer wieder das Wörtchen „dürfen" auftaucht: Ich *durfte* begleiten, ich *durfte* wiederkommen, ich *durfte* teilhaben am Leben des anderen Menschen usw. Mit kritischem Blick könnte man darin auch nur eine höfliche Phrase sehen, die die eigene Erfahrung verbal abschwächt, um gleichzeitig die eigene Bedeutung moralisch zu erhö-

hen. Aber aus unseren Begegnungen und Gesprächen gibt es keine Anzeichen, die etwas anderes nahelegen würden als schlicht und einfach den Versuch, sich behutsam anzunähern, sich selbst nicht zu wichtig zu nehmen. Man kann es wohl eher so sehen: Diese Gesten und diese Haltung im Herantasten an den anderen Menschen nehmen die *Autorität* auch des leidenden Menschen über sein eigenes Leben ernst – oder dienen dazu, diese in Geltung zu setzen. So gedacht wäre das Zulassen, dass andere mir nahekommen, an meiner Geschichte teilhaben, an allem, was mir intim und wichtig ist, kein rein passives Geschehen. Wir sollten also nicht übersehen, wie viel an Aktivität und Souveränität, „Arbeit" an sich selbst, an den eigenen Gefühlen und der eigenen Einstellung, darin steckt, Hilfe anzunehmen, sich zu *öffnen*. Dieser Moment, dass der Sterbende sich öffnet gegenüber dem gerade noch unbekannten Menschen, ist das Geschenk der Sterbenden – das wird durchaus so erlebt und so ausgedrückt.

Außerdem wird übersehen, dass auch die Menschen, die scheinbar zur Passivität verurteilt sind, etwas zu geben haben. Was sind die Gaben der Sterbenden? Es sind hier im Wesentlichen zwei Kategorien von Geschenken, die eine Rolle spielen: Es ist die Erfahrung von „Heiligen Momenten" und etwas, das wir zusammenfassend vielleicht die „Bewunderung der Größe der Person" nennen können. Der Philosoph Karl Jaspers hat einmal geschrieben: „[Menschliche] Größe ist da, wo wir in Ehrfurcht und Hellsicht spüren, wodurch wir selber besser werden."[11] Das trifft vielleicht ganz gut den Kern und die Vielfalt der hier gemeinten Erfahrungen. Diese äußern sich in Ausdrücken, wie:

„Sie hat mich geprägt."
„Sie hat mir imponiert."
„Mich hat beeindruckt wie …"
„Mir hat seine Haltung immer und bis zuletzt imponiert."
„Ich bewunderte sie."
„Diese Geschichte ist ein Geschenk für mich."
„Ich war tief beeindruckt und bin es bis heute."

Diese Liste ließe sich fast beliebig lange noch fortsetzen. Was hier als Gabe erfahren wird, ist die Begegnung mit dem anderen Menschen selbst – und in der Folge die Erinnerung an ihn oder sie, an diese Geschichte. „Ich denke noch oft an sie", heißt es beispielsweise. Aber warum eigentlich genau? Manchmal ist dieses An-Denken schlicht und einfach „ohne Warum" und es wird einfach um des Menschen willen in freier, nicht auf anderes reduzierbarer Sympathie gedacht: „Wir haben uns beide richtig gerngehabt. Wenn ich an sie denke, spüre ich, dass sich mein Gesicht aufhellt und ich lächele. Ich denke noch gern und oft an sie."

---

11 Jaspers, Karl (2007): Die großen Philosophen. München/Zürich: Piper, S. 30.

Manchmal rückt aber auch der konkrete Mensch aus der Erinnerung in den Hintergrund und es geht fast mehr um das, was von ihm oder von ihr „gelernt“ werden konnte, also eher um die Auseinandersetzung mit dem Sterben, der Endlichkeit, den eigenen Ängsten. Dieser konkrete Mensch wird dann fast eher zum Beispiel für die Eigenschaften, Ereignisse, „Tugenden“ am Lebensende, von denen diese Geschichte erzählt. Meistens dürfte es sich einfach um eine Mischung handeln – und das Auseinanderdividieren von Person und den Erkenntnissen aus der Geschichte ist der nachträglichen Erinnerung oder der Analyse geschuldet. So heißt es zum Beispiel im obigen Zitat weiter:

> *„Mich hat sehr beeindruckt, wie sie ihre letzten Lebenswochen und -monate gestaltete. Nämlich so, wie sie gelebt hat: Alles musste ordentlich sein, daran hat sie sich regelrecht festgehalten.“*

Worum geht es dabei? Und warum wird die Teilhabe am Leben und an der Geschichte sterbender Menschen als „Geschenk“ erfahren?

Sich an Geschichten zu erinnern und/oder diese zu erzählen, könnte ja auch anderen Motiven geschuldet sein. Sagen wir es salopp und unvollständig: Es könnten sich, erstens, Unterhaltungs-Interesse und Neugierde dahinter verbergen. Die Teilhabe an den Schicksalen anderer wäre dann so etwas wie ein touristischer Ausflug in „wilde Gegenden“ des Daseins. Das könnte sich, zweitens, mit Anerkennungsbedürfnis verbinden. Man erzählt diese Geschichten, um Anerkennung für die eigenen Erlebnisse aus den Grenzregionen des Daseins zu bekommen, wo nicht alle hinreisen wollen oder können. Solche „niedrigen“ Motive schummeln sich freilich immer wieder in all das, was wir tun. In den geschriebenen Geschichten (und transkribierten Gesprächen) finden sich eben häufig Ausdrücke wie: „Sie hat mich geprägt …“, „Ich habe viel gelernt von …“ – das sagt so viel wie: *Das Geschenk der Begegnung hat mich verändert.* Rahmt man so Geschichten, mit denen man „prahlen“ will oder die der Neugier für exotische Regionen entspringen? Kaum.

„Sie hat mich geprägt …“, die Begegnung mit diesem Menschen hat mich verändert, die Erinnerung an diesen Menschen orientiert mich neu und tiefer. Das lässt sich schneller hören als verstehen. Was ist es eigentlich genau, das beeindruckt, prägt und eine solche Wirkung auf die eigene Einstellung und auf das eigene Leben entfaltet?

Hören wir einige der Aussagen in den Geschichten dazu:

> *„Mir hat seine Haltung immer und bis zuletzt imponiert.“ Warum? „Er hatte keine Verwandten, Bekannten, war mittellos, Begegnungen waren nur mit Schutzkleidung möglich – er war dennoch selten mürrisch, machte Pläne und hoffte sehr lange, dass es ihm bessergehen würde.“*
>
> *„Lebenskreis perfekt geschlossen.“ Und: „Ich bewunderte sie, wie sie kämpfte, noch allein am Leben teilzunehmen.“*
>
> *„Sie war einfach im ‚Reinen‘ mit sich und das strebe ich auch an bzw. wünsche ich mir.“ „Sie [eine Freundin] beeindruckte mich zutiefst“ – Womit? „Mit dieser für mich neuen Sicht, Offenheit im Reden über das Sterben, nicht totschweigen.“ Und: Die Freundin „redete mir gut zu und half mir, mich zu verabschieden.“ Es bleibt ein „tiefer und nachhaltiger Eindruck von dem offenen Umgang mit Tod und Sterben“.*
>
> *„Es imponierte mir, dass sie von jeglicher Angst vor dem Tod befreit war.“*

„Ich habe von ihr gelernt, wenn man mit allem im Reinen ist, fällt das Sterben nicht schwer.“

„So tapfer!“
„Sie hat sich trotz allem nicht aufgegeben“
„Demut vor dem Schicksal“
„Die Aufarbeitung eines ganz intensiven und schönen Lebens“

Auch diese Liste ließe sich fortsetzen. Das, was beeindruckt, lässt sich (neben den „heiligen Momenten“) in drei Kategorien bringen:

Bewundert wird zu einem guten Teil das, was man im alten Vokabular der Philosophie *Tugenden* genannt hätte, insbesondere: das Bewahren von Ruhe im Schrecklichen, Mut, das Nicht-Verzweifeln, die Demut vor dem Schicksal, Authentizität (wie im Leben, so auch jetzt …). Zweitens wird bewundert, wie Menschen, *trotz allem oder dennoch*, aktiv bleiben, darum kämpfen, am Leben teilzuhaben, ihr Dasein gestalten, also der *Kampf um Aktivität und Gestaltung des Lebens*; und schließlich hinterlässt es bleibenden Eindruck, wenn Menschen am Lebensende *mit sich im Reinen* sind.

Aber kommt man an dieser Stelle daran vorbei, nicht auch tiefere Fragen aufzuwerfen? Vor allem, wenn wir uns an die Geschichten erinnern, in denen die Begleitung an Grenzen zu stoßen drohte oder gar als scheiternd empfunden wurde. Denn idealtypisch gebündelt verdichtet sich diese Liste zu einem Bild, dass ein Mensch dann gut stirbt (und vermutlich „gut“ gelebt hat), wenn er am Ende mutig ist und sogar anderen Mut macht, die Ruhe bewahrt, trotz allem nicht verzweifelt, das Leben liebt und es gestaltet, so stirbt, wie er gelebt hat, nämlich authentisch, den-

noch demütig das Schicksal annimmt und trotz des Verpassten, trotz der Fehler und Enttäuschungen mit sich im Reinen ist – und so weiter.
Wie lässt sich dieses Bild *vom guten Sterben*, das so nachhaltig und ausdrücklich prägt und „beeindruckt", deuten? Es fällt auf, dass sich ein recht *einheitliches Bild* vom guten Sterben unter den Ehrenamtlichen abzeichnet. Ist das so, weil gutes Sterben nun einmal eben diese Eigenschaften hat – und Menschen, die so sterben, uns prägen und beeindrucken, weil sie die höchste Stufe der *ars vivendi et moriendi*, der Lebens- und Sterbenskunst, erreicht hätten? Oder ist es eine spezifische Prägung, ein Ehrenamts- oder Hospiz-Paradigma? Ein Bild, das nicht einfach nur so *ist*, sondern auch so ein *soll* – und deshalb in der Erfahrung wiedergefunden und in der Folge besonders explizit kommuniziert wird? Steht dahinter die (Selbst-) Vergewisserung (der einzelnen, aber auch der Hospiz-Szene), „dass der Tod nichts Schreckliches ist", wie schon der Stoiker Epiktet formuliert: „So ist der Tod an und für sich nichts Schreckliches, sonst wäre er auch dem Sokrates so vorgekommen; vielmehr ist die vorgefaßte Meinung von ihm, daß er etwas Schreckliches sei, das Schreckhafte."[12]

In einer Geschichte heißt es, eine 89-jährige Frau antwortete auf die Frage, ob sie Angst vor dem Sterben habe, so: „Nein, warum, ich bin und war ein guter und ehrlicher Mensch." Die ehrenamtliche Begleiterin sieht das so: „Sie war einfach im Reinen mit sich." Eine mögliche Frage lautet: Woher weiß ich, dass ich gut und ehrlich bin? Und was heißt es eigentlich, mit sich „im Reinen" zu sein?

Man wird sagen: das kann letztlich niemand anders beurteilen, das muss jeder für sich empfinden und sagen können. Und das ist der springenden

12 Epiktet's Handbüchlein der stoischen Moral. Übersetzt und erklärt von Carl Conz. Berlin: Langenscheidt, o. J., fünfter Aphorismus.

Punkt, denn diese uns so naheliegende Antwort ist historisch alles andere als selbstverständlich. Man kann diese und ähnliche Aussagen auch als Überspitzung des Autonomie-Ideals in der Moderne lesen: Auf die *Selbst-Bestimmung* im Leben folgt die abschließende und abschiedliche *Selbst-Beurteilung* am Ende …? Freilich kann und muss man diesen und ähnliche Sätze auch noch anders hören: Ich bin „im Reinen mit mir", obwohl bzw. gerade weil ich um meine Fehler weiß, um das Verpasste im Leben und die Verletzungen, die ich anderen zugefügt habe; nun aber bin ich im Reinen mit mir.

Zum Ideal des runden Lebensbogens, der sich letztlich welt-immanent und in der Autonomie der Person vollenden soll, passen die Aussagen der Ehrenamtlichen darüber, wie die Hospizarbeit ihr eigenes Leben verändert hat. Die Hospizarbeit hat *Wirkung*. Sozial, weil neue Beziehungen entstehen. Persönlich, weil die Erinnerung an „die Größe" der Person Spuren in der eigenen Einstellung und Lebensführung hinterlässt. Wie konkret?

Viele berichten, dass die Hospizarbeit sie „dankbarer und demütiger für mein eigenes Leben gemacht" habe und „reicher". Gleichzeitig verschaffe die Hospizarbeit die deutliche Einsicht, „dass der Tod zum Leben gehört" – aber auch: „gelassene Zuversicht". Die Kostbarkeit des Lebens werde bewusster und intensiver:

> *„Dank der Begleitung Sterbender erlebe ich das Leben intensiver und bewusster."*

> *„Ich lebe intensiver und freudvoller."*

„Ich möchte bis zuletzt ‚leben', das heißt: bewusst leben, mich an großen und kleinen Dingen freuen, Schönes und Trauriges, Höhen und Tiefen durchleben!"

Interessanterweise kehrt hier – explizit! – eine Formulierung wieder, die aus dem antiken *Epikureismus* stammt: *Carpe diem* – „Pflücke den Tag!"

Diese kehrte genau so und in verwandten Wendungen immer wieder:

„Lebe den Tag."
„Carpe diem! Was ist wichtig im Leben? Wirklich wichtig? Was gibt es heute zu tun?"
„Was am meisten zählt, ist das Leben im Hier und Jetzt."
„Der wichtigste Moment ist immer der Augenblick."
„Lebe jetzt!"
„Das Leben jetzt, hier und heute, zu genießen. Mein Leben."
„Carpe Diem!"

Wäre das die Lebensformel für einen runden Lebensbogen, über den hinaus nichts Größeres gedacht werden kann: mit sich im Reinen sein, weil man im Leben die Tage gelebt, gepflückt, genossen hat …?

Ich bin im Reinen mit mir – *sind es aber auch die anderen mit mir?* Obliegt die Beurteilung meines Lebens wirklich nur mir selbst? Im Paradigma der Antike galt etwa nicht die eigene Empfindung als Maßstab, sondern die Maßstäbe wurden durchaus von außen herangetragen. Nach Abschluss des Lebens obliegt es den Nachfahren und der Gemeinschaft, zu sagen, ob das ein Leben war, das unter einem guten *daimon* (einem guten Geist) gelebt wurde oder nicht. Ist der Abschluss des Lebens nicht vieldeutiger, unvollständiger, rätselhafter? Und weiter: In den alten religiösen Traditionen bin weder ich noch sind andere in der Lage, „über mein Leben zu richten“. Das steht nur Gott zu. In beiden Denktraditionen – der antik-philosophischen und der christlichen – heißt es nicht: „Ich schließe mein Leben nun ab“, sondern: „Ich lege mein Leben nun vor“.

Sind solche Vorstellungen tatsächlich völlig passé? Ein Denken und Fühlen, das über den Tod hinausreicht und die Unvollständigkeit des Lebens in das Urteil von etwas *jenseits* der Autonomie des Einzelnen oder der Menschheit legt … Davon haben wir in den Geschichten weniger, zumindest weniger *ausdrückliche* Spuren gefunden. Hoffnung, Gnade, Trost, „Gericht“ … das ist nicht das Vokabular der Ehrenamtlichen. Damit ist aber nicht gesagt, dass im spirituellen Gefühl das nicht doch auch empfunden, geahnt, angedeutet wird.

Selten, nicht als Hauptlinie, aber dennoch, gibt es in den Erzählungen auch Andeutungen in die Richtung größerer Brüchigkeit. Hören wir noch einmal eine Geschichte, die wir schon bei den Erzählungen vom drohenden Scheitern der Begleitung gelesen hatten:

> *„Ein Patient, der sich immer selbst angeklagt hatte: ‚Der Teufel holt mich, Gott verzeiht mir nie‘, immer wieder, so was habe ich noch nie erlebt … Versuch zu trösten: ‚Sie brauchen mich nicht zu trösten, mir verzeiht niemand.‘ In der Supervision wurde das besprochen: Es gibt Menschen, die brauchen das bis in den Tod hinein. Niemand konnte ihm helfen. Da musste ich auch etwas aushalten, der hat geweint, bitterlich: um sich, wie schlecht er war, das war extrem, immer wieder von vorne, er wollte sich nicht verzeihen lassen.“*

Diese und ähnliche Geschichten bringen vielleicht Risse in das Idealbild des friedlich-versöhnten Sterbens – und ermöglichen das Fragen. Vielleicht ist (im Gegensatz zum Wunsch- und Idealbild hospizlichen Sterbens in Ruhe und friedlicher Versöhnung mit sich selbst) die eigene Verunsicherung, Infragestellung das radikalere, aber auch bedeutungsvollere Geschenk. Geschenke können durchaus auch eine Zumutung sein. Einmal heißt es auch in unseren Geschichten:

> *„Diese Begleitung war intensiv und beeindruckend. Sie gab mir zu denken, auch das Verpasste in meinem Leben."*

4

Das Bild von einem friedlichen Sterben ist ein roter Faden, der sich durch die Erzählungen der Hospizbegleiterinnen und Hospizbegleiter zieht.

Das Leben *lebt* in den Geschichten ...

Die Geschichten, die die Ehrenamtlichen aufgeschrieben haben, und die Gespräche, die wir mit ihnen geführt haben, machen deutlich: In den letzten Lebenstagen geht es nicht um Fachkenntnisse der Experten, sondern darum, dass Angehörige und Hospizbegleiterinnen sich einschwingen auf das, was Sterbende in der höchst individuellen Situation brauchen. Und das heißt vor allem: da sein, Zeit haben, zuhören, absichtslose Zuwendung, Gespräche, Abschied nehmen. Die Geschichten der Ehrenamtlichen erzählen vom Ringen des modernen Menschen um Sinn und Bodenhaftung in einer Zeit rasanten gesellschaftlichen Wandels und dem Schwinden sozialer Zusammenhänge. Sie sprechen von alltäglichen, bewegenden, heiteren und schwierigen Erfahrungen. Es sind Erfahrungen, die die Ehrenamtlichen als bereichernd erleben und die sie oft an ihre Grenzen bringen. Die Geschichten erzählen von intensiven Begegnungen, die die Ehrenamtlichen in der Begleitung machen. Von familialen Konflikten und Versöhnung. Von auseinanderbrechenden Familien. Von überforderten Angehörigen. Von der sensiblen Balance zwischen Nähe und Distanz. Von Menschen, die einsam sterben, die Angst haben, die nicht loslassen können, die sich nicht mehr mitteilen können. Von Menschen, die ihren Tod vorausahnen. Von Menschen, die versäumte Gelegenheiten betrauern, die von Erinnerungen gequält sind. Von Menschen, die dem Tod souverän und gelassen gegenüberstehen und noch Freude am Leben und am Alltäglichen haben.

Der Schlussakt im Leben taucht in der Rede der Ehrenamtlichen nicht als etwas auf, das geplant, organisiert, gestaltet und optimiert werden müsste. In einem gesellschaftlichen und professionellen Hospiz- und Palliativkontext, der stark interventionistisch und normativ geleitet ist, handeln die Ehrenamtlichen eher intuitiv und gefühlsorientiert. Ihre Berichte verweigern sich einer Generalisierung und Verdinglichung von Sterbenden. Sie sprechen von der Suche nach sozialem Zusammenhalt im Kleinen, der bedeutsam ist für die Gesellschaft als Ganze. Zugleich ist die hospizliche Begleitung selbst ein Versuch, auf den Verlust gesellschaftlicher Kohäsion eine Antwort zu finden. Indem die ehrenamtliche Hospizarbeit das Sterben der Privatisierung entreißt, kommt ihr eine unmittelbar gesellschaftspolitische Relevanz zu. Die Berichte erlauben Rückschlüsse auf den Umgang mit dem Sterben in unserer Gegenwartsgesellschaft. Sie geben Aufschluss über die letzte Lebensphase und über gesellschaftliche Vorstellungen von einem „guten Sterben“: Wie wird gestorben? Und wie soll gestorben werden?

Auch wenn die ehrenamtliche Hospizarbeit sich sehr deutlich durch eine Haltung der Zurücknahme und der Offenheit gegenüber der individuellen Situation des Sterbens auszeichnet, bleibt sie doch nicht unberührt von gesellschaftlich vorherrschenden Wunsch- und Leitbildern. Das Idealbild von einem „Happy End“, das möglichst unaufgeregt (leid-, schmerz- und konfliktfrei) vonstattengehen soll, wird von den ehrenamtlichen Hospizhelfern zwar nicht propagiert, jedoch weitgehend geteilt. Am Ende sollen nicht noch einmal Konflikte und Verzweiflung wie aus einem Vulkan hervorspringen.

Das Bild von einem friedlichen Sterben ist ein roter Faden, der sich durch die Erzählungen der Hospizbegleiterinnen und Hospizbegleiter zieht. „Friedlich einschlafen“, „den Lebenskreis schließen“. Das Wunschbild eines sanften Hinübergleitens in den Tod, der endgültig ist, ist das passende Äquivalent zu unserer säkularisierten Gegenwart, der die Jenseitsperspektive abhandengekommen ist. Das friedliche Einschlafen: ein letztes schwaches Trostbild? Vollziehen die Ehrenamtlichen in der Hospizarbeit den heimlichen Wunsch der Gesellschaft nach „stillschweigendem Verschwinden“?

Während in der mittelalterlichen Vorstellung und bis in die Neuzeit hinein Sterben und Tod sich nach Gottes Plan ereigneten, hat göttliche Lenkung für den Menschen des 21. Jahrhunderts kaum noch Geltung. Wir wollen unser Leben und Sterben selbst in die Hand nehmen. Das Idealbild eines friedlichen Einschlafens wird in der Vorstellung der Profis zu etwas, das befördert, arrangiert und in standardisierte Dienstleistungsmodule gefasst werden soll. Doch das, was verschwunden ist, ist bedeutsam und lässt sich nicht durch die gesellschaftliche Organisation friedlicher Sterbeverläufe kompensieren.

Überall in der Gesellschaft können wir die Tendenz zu einer monokulturellen Entwicklung wahrnehmen. Vielfalt soll Standardisierung weichen: in der Bildung, der Landwirtschaft, in der Sterbebegleitung … Das Verschwinden der Artenvielfalt in der Tier- und Pflanzenwelt vollzieht sich parallel zur Monokulturisierung menschlicher Denk-, Lebensweisen und Ausdrucksformen. Da ist es überraschend, dass in den Berichten der Ehrenamtlichen eine beglückende Vielfalt zum Ausdruck kommt. Das Leben, es *lebt* in den Geschichten …

Im Sterben war sie hin- und hergerissen

„Die Dame war blind, saß im Rollstuhl. Sie machte Gott für ihre Krankheit verantwortlich. Sie wollte nichts von Gott wissen, ich habe es so akzeptiert. Im Sterben war sie hin- und hergerissen: Was passiert nach meinem Tod und wie ist Gott? Wir haben noch miteinander sprechen können, ich habe sie ermutigt, mit Gott zu diskutieren, ihm alles zu sagen, was ihr auf dem Herzen liegt. Das hat sie gemacht, ich hatte ihr dazu ein kleines Handkreuz angeboten. Das hat sie festgehalten, bis sie gestorben ist. Nach einem harten Kampf, der ohne Worte war, ist sie friedlich und entspannt in meinen Armen eingeschlafen.“

Schau nicht mehr zurück

„Ich betreue derzeit eine Seniorin, die dement ist, bettlägerig. Und die wird betreut von ihren Kindern: Tochter und Sohn sind beide Mitte 60. Die demente Dame schreit fast pausenlos: Hilfe, Hilfe, Hilfe! Ich war dort zu einem Gespräch bei den Leuten und die waren froh über die Entlastung. Weil die auch in der Ehe Probleme hatten. Der Schwiegersohn schläft jetzt auch bei der Schwiegermutter im Schlafzimmer. Und kurz bevor ich mich verabschiedet habe, hielt mich die Tochter fest und sagte: Er schläft nur bei ihr, weil ich gesagt habe: ‚Ich ertrage es nicht. Ich werde sie mit dem Kissen ersticken.' Ich fand wichtig zu berichten, wie ich selbst im Ehrenamt fast gescheitert wäre, wo ich gesagt habe, das geht über meine Grenzen, das kann ich nicht mehr. Mein Mann hat nie um Hilfe geschrien, aber er hat pausenlos ‚Renate, Renate!' gerufen. Und ich saß allein am Sterbebett und hab' manchmal bei mir gedacht: ‚Mach die Tür auf und lauf, lauf! Und schau nicht mehr zurück.' Aber ich hab' nie daran gedacht, ihn umzubringen. Wie verzweifelt müssen diese Menschen sein ..."

Das war meine schönste Begleitung

„Meine Schwester NN, die ich als Bruder und als Hospizbegleiter begleitet habe: Sie war gelb im Gesicht, Bauchspeicheldrüse, Galle. ‚Daran möchte ich nicht sterben, nicht so wie meine Zwillingsschwester.' Operation und nach 15 Monaten kommt der Krebs wieder. Sie gibt die Chemo auf und akzeptiert, dass es bald zu Ende geht. Mann, zwei Töchter, Bruder, begleiten sie. Patientenverfügung und gemeinsames Gespräch über das Ende.

NN ist ruhig, wir sprechen über ihr Leben, über unser Leben, unsere Eltern und Geschwister. Meine Schwester liegt noch mit NN im Streit und möchte das noch nicht beilegen. NN kommt. Die Nichten und Neffen rufen an und NN bedankt sich bei ihnen für das gemeinsame Leben. NN ruft nach mir, ihrem Bruder. (Ort 1) - (Ort 2) - Palliativstation - Hospizgruppe - SAPV. Es ist unglaublich schön. NN kann gehen und sie schläft friedlich ein. Sie hat den Sarg ausgesucht und die Musik für die Trauerfeier."

Er schrie und schimpfte und rief nach seiner Mama

„Ich habe miterlebt, wie jemand sich komplett auf sich allein zurückgezogen hat, geschrien und geschimpft und geflucht hat, sein Umfeld gar nicht mehr wahrnehmend. Diesen Mann hatte ich noch erlebt als jemanden, der noch im Rahmen seiner Möglichkeiten immer versucht hat, höflich zu sein, Konventionen einzuhalten. Irgendwann war ihm alles zu viel. Er schrie und schimpfte und rief nach seiner Mama, er flehte fast, dass sie kommen sollte. Ich wusste in meiner Verzweiflung nicht was tun und ob ich das überhaupt durfte ... Ich sagte ihm einfach: Die Mama ist jetzt da, die Mama bringt dich jetzt ins Bett. Und er wurde ganz ruhig und ließ sich von mir ganz einfach von seiner völlig verkrampften Lagerung in eine entspannte Lage bringen und sich von mir mit einem feuchten Tuch über die ‚eingesudelten' Händen wischen. Für mich war das befremdlich, eine körperliche Nähe und Handlung aufkommen zu lassen, die ich eigentlich nur aus der Zeit mit meinen Kleinkindern kannte. Gleichzeitig war ich erleichtert zu sehen, wie simpel ich doch Ruhe reingebracht habe."

Es wird nun sicher alles bald besser

„Ich habe eine Dame in einer Seniorenresidenz wöchentlich besucht. 74 Jahre alt, geistig orientiert. Angefordert wurde ich als Hospizbegleiterin vom Pflegepersonal, da die Dame durch ein Krebsleiden todkrank ist. Sie hat eine Tochter ganz in der Nähe, auch zwei Enkel, der Sohn wohnt etwas weiter weg. Beim Erstbesuch war ich verwundert, da in dem Einzelzimmer kein einziger persönlicher Gegenstand zu sehen war. ‚Ich möchte die Dinge von zu Hause nicht auseinandertragen, da komme ich ja wieder hin.'

Über die Monate meiner Besuche ist ein Vertrauen, fast Freundschaft entstanden! Im Gespräch hat sich herausgestellt, dass ich der verlässlichste Besuch und Gesprächspartner für die Dame war. Die erwachsenen Kinder haben die Mutter immer wieder vertröstet, warum sie nicht kommen könnten – Erkältung, Urlaub ... Um nicht traurig zu sein, hat sie das wohl geglaubt.

Sie hat bis zum Schluss nicht über das Sterben reden wollen. Drei Tage vor ihrem Tod, sie war geistig noch immer ganz orientiert, meinte sie: ‚Es wird nun sicher alles bald besser.' Das körperliche Leiden konnte nicht besser werden. Das habe ich aber nicht formuliert. Drei Tage später ist sie friedlich eingeschlafen. Mir wurde klar – damit meinte sie wohl: Wenn ich tot bin, ist alles gut."

Die „eine" Geschichte gibt es nicht

„Wie jeder sein eigenes Leben, so hat ein jeder Mensch seinen eigenen Tod und somit ist auch eine jede Begleitung eine gänzlich andere. Seit acht Jahren mache ich ehrenamtliche Hospizarbeit, und bei den jeweils eigenen Wegen konnte ich doch auch immer wieder feststellen, es gibt total unterschiedliche Auffassungen davon, wie das Sterben des Angehörigen, des Betroffenen lief.

Erst gestern war ich beim Sterben dabei. Ein Mann, 77 Jahre, es zeichnete sich seit drei Tagen ab, dass es zu Ende geht. Der Mann war schon nicht mehr bei Bewusstsein, lag trotz seiner Lähmung völlig entspannt und friedlich wirkend im Bett. Ein völlig normaler Verlauf, eben bis zum Tode, wie wir es bei Sterbenden kennen. Alle seine Kinder waren anwesend, und alle empfanden, der Vater müsse sich quälen, er leide. Also völlig entgegen meiner Beobachtung und Einschätzung.

Diese Erfahrung, dass Angehörige den Weg des Sterbens als völlig anders als ich, nämlich mehrheitlich als quälend empfinden, konnte ich schon mehrfach machen. Ich finde es schade, dass der Friede und die Ruhe, die Sterbende durchaus auch ausstrahlen, so selten von den Angehörigen erlebt und empfunden werden."

Soll ich meine Zeit jemand anderem geben?

„Die Begleitung einer alten Dame im Pflegeheim (dreieinhalb Jahre) hat mich sehr intensiv durch viele Stufen einer Demenzerkrankung geführt. Zu Beginn konnten wir uns mit Singen von Volksliedern und Erzählen von Geschichten unsere Begegnung leicht und angenehm machen, später wurden Melodien und Texte weniger, trotzdem lag immer viel Heiterkeit in unseren Treffen. Ganz am Ende schaute meine Dame nur noch an die Zimmerdecke und reagierte nicht mehr auf meine Ansprache. In meinem Kopf war die Überlegung: Macht es Sinn, weiter an ihrem Bett zu sitzen? Soll ich meine Zeit jemand anderem geben? Ich war müde, legte meinen Kopf auf ihr Bettgitter, um kurz die Augen zu schließen. Voll Staunen spürte ich eine zarte, liebevolle Berührung an meinem Kopf, den sie eine kleine Weile streichelte.

Gelernt habe ich in dieser Begegnung, dass Begleitung und Nähe auch bei demenzerkrankten Menschen bis zum Ende tiefen Sinn machen und wichtig sind."

Sie war mit ihrer Familie im Streit

„Am Anfang meiner Hospiztätigkeit begleitete ich eine 59-jährige alkoholkranke Frau mit Leberzirrhose, die von ihrem Betreuer in ein Seniorenheim zum Sterben eingewiesen wurde. Sie war bettlägerig, aber da sie starke Raucherin war, durfte sie nur rauchen, wenn sie Besuch hatte. Ich musste Zigaretten und Feuerzeug im Stationszimmer abholen und wieder abgeben. Irgendwie hat sie es geschafft, an Zigaretten zu kommen, und hat das Bett angekokelt. Als ich mich weigerte, Geld von ihrem Konto zu holen, hat sie mich rausgeschmissen. Ich bin trotzdem wieder hin, was sie dankend annahm. Als es ihr wieder besser ging, fuhr sie mit einem Taxi in die Stadt und hat sich Alkohol besorgt, den sie in Saftflaschen abfüllte. Sie war mit ihrer Familie im Streit und als sie im Sterben lag, hat sie immer ‚Mama' gerufen und ich fragte sie, ob sie ihre Mutter sehen möchte. Ich habe mich mit ihrer Mutter in Verbindung gesetzt, die mir die ganze Leidensgeschichte erzählt hat. Ich habe sie abgeholt und sie konnte sich mit ihrer Tochter versöhnen. Die Begleitung dauerte acht Monate."

Er war kaum zu beruhigen

„Meine erste Begleitung war vor vielen Jahren und hat mich sehr beeindruckt. Die beiden Söhne der Sterbenden hatten keinen Kontakt mehr miteinander. Einer der Söhne kümmerte sich liebevoll um die Mutter. Der andere Sohn kam überhaupt nicht. Am Tag vor ihrem Tod habe ich den Sohn gebeten, seinen Bruder doch zu informieren. Dieser erschien dann wirklich und wurde von der Mutter auch kurz erkannt. Eine knappe Stunde nach der Begegnung verstarb die Mutter. Der Sohn, der sich immer gekümmert hatte, kam direkt nach seiner Arbeit und verpasste das Sterben um nur eine halbe Stunde. Er war darüber sehr geschockt und untröstlich. Wir haben an dem Abend noch über eine Stunde telefoniert. Er war kaum zu beruhigen."

Sie wünschte keine regelmäßigen Besuche

„Bei der Vorstellung fand ich diese Frau sehr sympathisch und klug. Sie wünschte keine regelmäßigen Besuche, wollte aber in regelmäßigen Abständen angerufen werden. Meist dauerten die Anrufe nur wenige Minuten, weil die Frau zu starke Schmerzen hatte oder ihr Sohn mir mitteilte, sie sei zu einer Behandlung im Krankenhaus. Ich bekam schon starke Zweifel an dieser Begleitung – ob ich sie nicht abbrechen sollte. Auf meine Nachfrage versichert mir die Frau aber, ich könne, bzw. solle, weiterhin anrufen. Nach mehreren Wochen rief ich sie in einem günstigen Moment an. Sie öffnete sich mir total in einem mehr als eine Stunde dauernden Gespräch. Nicht lange danach bat sie mich um einen Besuch, bei dem sie mir Fragen über Bestattungsmöglichkeiten stellte, sozusagen ihre Beerdigung durchsprach. Bei diesem Gespräch war ihr Bruder anwesend."

Sie rief immer ‚Hilfe'

„Meine erste Sterbebegleitung im Altenheim. Ich saß einige Zeit am Bett einer Bewohnerin. Plötzlich legte sie ihre Hände auf meine Wangen und streichelte darüber und bedankte sich, dass ich so lange bei ihr sitzen bleibe. Ich war total überrascht über diese Geste. Leise erzählte sie mir etwas, ich konnte sie aber nicht verstehen. Irgendwann wurde sie sehr unruhig, ich hatte das Gefühl, sie hat Not. Sie stöhnte und rief immer ‚Hilfe'. Ich war ratlos, versuchte sie zu beruhigen, was aber nicht gut klappte. Ich fragte sie, ob wir beten sollen. Das wollte sie nicht. Da fing ich leise an zu singen und sie wurde für kurze Zeit ruhiger. Insgesamt war ich drei Stunden bei der Dame, es wurde mir dann zu viel und ich ging nach Hause. Am nächsten Morgen bekam ich den Anruf, diese Bewohnerin ist am Morgen verstorben. Danach war ich den ganzen Tag aufgewühlt, irgendwann liefen mir die Tränen."

Zwei Tage vor seinem Ableben gab er sein Problem preis

„Begleitung eines 87-jährigen Mannes im Heim. Vorbereitung durch seine Tochter – Verherrlichung des Nationalsozialismus. SS-Angehöriger, damit wird er mich konfrontieren. Blond, blauäugig, Herrenrasse. So war er auch, den Nationalsozialismus vor sich hertragend. Ich Jahrgang 1940, Wehrdienstverweigerer. Einlassen und mitgehen – sanfte Erwiderungen. Politischer Mensch.

Es gab viele Gespräche – herausfordernd. Dann hatte ich auch meine Meinung über das Regime entgegengesetzt und meine eigene Wahrnehmung, denn ich bin ja auch ein Kriegskind. Ich habe eine Beziehung aufgebaut. Langsam fing er an, über sein Leben danach zu erzählen. Ein Leben mit Brüchen bis zum Sozialfall. Ich erkannte, er fing an nachzudenken – Sprechpausen – Themenwechsel – die Kraft ließ langsam nach. Er hat sich eingenässt und ich habe seine Unterwäsche gewechselt.

Zwei Tage vor seinem Ableben gab er sein Problem preis. Er war an Erschießungen in der Ukraine beteiligt und er fühlte sich schuldig. Er konnte gehen. Seine Tochter: ‚Von seinem Leben als SS-Mann hat er mir nie erzählt.'"

... wie sie in ihren negativen Erinnerungen gefangen war

„Es handelt sich um die Begleitung einer alten Dame in einem Altenheim. Die Kommunikation mit ihr war verbal nur sehr eingeschränkt möglich. Sie saß fast immer im Rollstuhl, wenn ich kam. Oft hörte ich sie schon vom Eingang der Wohngruppe aus laut schreien. Sie rief immer das gleiche Wort, das sich wie ‚Halt!' anhörte. Einer ihrer Söhne erzählte mir, dass komme daher, dass sie als Kind entführt wurde und durch ihr lautes Schreien ihre Familie aufmerksam gemacht habe.

Ich habe diese Frau häufig im Rollstuhl ausgefahren. Das konnte sie oft beruhigen. Manchmal versuchte ich, den fragmentarischen Ruf in einen positiven Begriff münden zu lassen und sie folgte mir. Wenn ich sie dann fragte, ob sie das meinte, bejahte sie es. Allerdings gab es natürlich Situationen, in denen das nicht gelang.

Ich muss oft noch an die Frau denken, wie sie in ihren negativen Erinnerungen gefangen war. Im Umgang mit ihr konnte ich allerdings viel lernen, was ich wieder bei anderen anwenden kann."

Wenn ich Sie nicht hätte, wäre ich schon längst tot

„Eine 94-jährige Frau kommt nach Magenoperation zu ihrer Tochter. Man erwartet den Tod. Sie erholt sich, ist traurig, dass die Kinder in ihrer Abwesenheit ihre Wohnung aufgelöst haben. Jetzt: fremde Stadt, keine Freunde. Einmal in der Woche komme ich für zwei Stunden. Wir erzählen, spielen, ich lese ihr vor (oft Grimms Märchen). Wir gehen spazieren. Eine Freundschaft entsteht. Sie erzählt über ihre schulische Bildung, ihren Beruf: Schneiderin mit eigenem Atelier, dann Ehe, Krieg – viel Bitterkeit. Ich höre, höre und leide mit ihr. Irgendwann sie: ‚Wenn ich Sie nicht hätte, wäre ich schon längst tot.' Sie wird 102 Jahre alt. Die letzten vierzehn Tage war ich fast täglich bei ihr. Sie geht mir nicht aus dem Kopf. Das Verhältnis zu ihrer Tochter war ihrerseits sehr angespannt. Mich hat das nicht betroffen. Heute bin ich mit ihren Kindern befreundet. Nach dem Tod der Mutter habe ich die Tochter einige Zeit begleitet und wir haben viel die ‚Ungerechtigkeiten' in ihrer Elternfamilie besprochen. Abgewandelt hat die Tochter das Gleiche erlebt wie die Mutter. Brüder durften studieren, sie nicht."

5

„Diese Erfahrung beschäftigt mich immer noch, sie geht mir immer noch nach, damit bin ich noch nicht fertig geworden …“

Zum Forschungsprozess: Wie sind wir vorgegangen?

Ausgangslage, Frage und Ziel des Projekts

Die Hospizbewegung verdankt ihre Existenz sehr wesentlich dem Elan und dem Geist des Ehrenamts. In dem Projekt „Erfahrungen und Sterbewissen von Ehrenamtlichen", das von Mai 2016 bis Juli 2017 durchgeführt wurde, sind wir von der Hypothese ausgegangen, dass ehrenamtliche MitarbeiterInnen bedeutsame Lebenserfahrung und einen „Schatz" an Erfahrungswissen über die Wirklichkeit des Sterbens und des Trauerns in unserer Gesellschaft gesammelt haben und sammeln.

Aus der bisherigen (auch internationalen) Forschung zum Ehrenamt wissen wir, dass das Wissen (Erfahrungswissen, Lebenswissen) von Ehrenamtlichen bisher so gut wie keine Aufmerksamkeit erfahren hat. Von den Ergebnissen unserer Forschung erwarten wir bisher wenig beachtete

Rückschlüsse über Sterben und Tod in unserer heutigen Gesellschaft – sowie neue Perspektiven für eine moderne Sterbebegleitung.

In der ehrenamtlichen Hospizarbeit findet ein Generationenwechsel statt. Es besteht die Gefahr, dass das Wissen, die Erfahrung und die Kultur der „ersten Generation“ nicht geteilt und weitergegeben werden. Durch das Forschungsprojekt sollen diese Erfahrungen, dieses Wissen, diese Kultur des Helfens sichtbar gemacht, aufbewahrt und die Ergebnisse für die Weiterentwicklung der Hospizarbeit fruchtbar gemacht werden.

Das Projekt ist Teil des vom Deutschen Hospiz- und PalliativVerbands geförderten Verbundprojekts „Ehrenamtlichkeit und bürgerschaftliches Engagement in der Hospizarbeit – Merkmale, Entwicklungen und Zukunftsperspektiven“ (Universität Gießen, Universität Klagenfurt, Universität Graz, Universität Augsburg, Evangelische Hochschule Freiburg). Das Verbundprojekt hat zum Ziel, ein tragfähiges empirisches Fundament für die Weiterentwicklung der Hospizpraxis und Hospizkultur zur Verfügung zu stellen. Folgende Fragen stehen im Zentrum: Inwieweit ist die Hospizbewegung noch Bürgerbewegung? Wie ist die Hospizbewegung in der Bevölkerung verankert? Welche Bedeutung hat sie in der palliativen Versorgung?

Wie sind wir vorgegangen?

Den Kern unseres Projekts bildeten 14 Gruppengespräche mit ehrenamtlichen Hospiz-MitarbeiterInnen. Schlüsselerfahrungen aus der Hospizarbeit sollten erzählt und auf die tiefer darin liegenden Themen und Umgänge mit Sterben, Tod und Trauer hin erkundet werden. Projekt- und Ansprechpartner waren Hospizvereine, die die TeilnehmerInnen zum Gespräch eingeladen haben.

Die Hospizvereine wurde nach einigen Differenzkriterien ausgesucht (Region, Stadt–Land, ambulant–stationär etc.). Die Auswahl der Hospizvereine folgte auch pragmatischen Kriterien (bestehende Kontakte, Interesse usw.). Wir haben bei der Auswahl versucht, regionale Unterschiede zu berücksichtigen (ökonomisch, sozial, in Bezug auf verschiedene Aspekte der Versorgungs- und Infrastruktur).[13]

281 Ehrenamtliche haben insgesamt an der Forschung teilgenommen, haben uns ihre Geschichten erzählt und mit uns in den Gruppenworkshops reflektiert (281 SpenderInnen von Geschichten, davon 101 Teilnehmende in den Gesprächsgruppen). Das Durchschnittsalter der GesprächsteilnehmerInnen lag bei 63 Jahren. Ungefähr 80 Prozent der TeilnehmerInnen waren Frauen.

Die Gespräche wurden dokumentiert, elektronisch aufgezeichnet und wissenschaftlich ausgewertet. Die Auswertung des empirischen Materials erfolgte u. a. in mehreren Workshops des Forscherteams in Wien, Frankfurt und Graz.

Zusätzlich ist eine umfangreiche Sammlung von „Erfahrungsgeschichten" (etwa 180) in die Auswertung eingeflossen. Der Aufruf zum Schreiben erfolgte bei der größeren Tagung zum Thema Ehrenamt im Frühjahr 2018.

Die Gruppengespräche verliefen nach dem folgenden Schema: Zu Beginn sollten die TeilnehmerInnen eine konkrete persönliche Erfahrung aus ihrer ehrenamtlichen Hospizarbeit schriftlich festhalten. Die Leitfrage hierfür lautete: „Diese Erfahrung beschäftigt mich immer noch, sie geht mir

13 Vgl. dazu: Regionale Disparitäten in Deutschland auf der Ebene von Gemeinden und Kreisen. Studie im Auftrag des Deutschen Zentrums für Altersfragen. Bonn, 30. Oktober 2014 (Projektleitung: Dr. Steffen Maretzke, Bundesinstitut für Bau-, Stadt- und Raumforschung (BBSR) im Bundesamt für Bauwesen und Raumordnung, Bonn; Daniel Kreft, M. Sc., Rostocker Zentrum zur Erforschung des Demografischen Wandels, Rostock).

immer noch nach, damit bin ich noch nicht fertig geworden …“ Anschließend wurden die notierten Geschichten erzählt oder vorgelesen. Es folgte eine Diskussion zu den expliziten und impliziten Themen der Geschichten/Gespräche und den tiefer darin liegenden Spannungsfeldern.

Nach dem Gespräch füllten die Ehrenamtlichen einen kleinen begleitenden Fragebogen aus, der über ihr Alter und Geschlecht Auskunft gibt und zu einigen Schlüsselfragen noch zusätzliche Informationen abfragt. Wir als Forscher füllten ein Reflexionsprotokoll aus, um nach den Gesprächen erste Gedanken und Eindrücke festzuhalten.

Die TeilnehmerInnen erklärten ihr Einverständnis mit der anonymisierten Verwertung der Daten (der schriftlichen Berichte und auf Tonband aufgezeichneten Diskussionen) für das Forschungsprojekt. Die Freigabe

der Daten erfolgte durch ein entsprechendes Formular, das die TeilnehmerInnen unterzeichnet haben.

Kunst und Weisheit der Begleitung als Gegenstand von Wissenschaft

Inhaltlich kristallisierte sich im Projekt zunehmend heraus (als übergreifendes Thema bzw. roter Faden), was wir „Beziehungsweisheit“, Beziehungskunst oder eben die „Kunst der Begleitung“ genannt haben. Diese scheint den Kern des ehrenamtlichen Erfahrungswissens zu bilden.

Methodisch war es uns wichtig, dass „Weisheit“ und Kunstfertigkeit sich nicht einfach in distanzierter wissenschaftlicher Einstellung abbilden lassen, sondern anderen Gesetzen der „Überlieferung“ gehorchen. Dazu und zu dem methodischen Umgang damit wollen wir noch ein paar Gedanken teilen:

Warum glauben wir, dass Ehrenamtliche „beziehungs-weise“ sind und eine „Kunst“ beherrschen – die „Lebenskunst“ der Begleitung? Unter anderem deshalb, weil wir nicht nur explizite Selbstaussagen, also „deklarierte Werte“, zu hören bekommen haben, sondern Geschichten, die von einer konkreten Praxis erzählen und in denen sich eine gewisse „Kunst“ ausdrückt und „erweist“: im Umgang mit Beziehungen in einer Grenzsituation. Dabei kommen auch eine Reihe von Tugenden ins Spiel: der Mut, das Einfühlen, die Selbstzurücknahme.

Das führt, einen Schritt weiter gedacht, zu den Fragen: Welche Form von *Theorie* brauchen wir für ein gutes Leben – welche Form von *Vernunft* und von *Denken*? Hören wir den Ehrenamtlichen zu!

Zunächst ist auffallend, dass die „Schulung“, die Ehrenamtliche durchlaufen, in unseren Gesprächen und Geschichten keine Rolle spielt und nicht vorkommt. Die Schulung selbst ist bereits in der Regel so gestaltet, dass der Begriff vermutlich etwas in die Irre führt, sind doch die Anteile von Selbstreflexion und Auseinandersetzung zumeist sehr groß. Wichtig und keineswegs selbstverständlich ist jedenfalls, dass es keine Aussagen gibt von der Form: Ich habe XY gelernt und das dann so oder so angewendet … Ganz im Gegenteil ist es eher oft so, dass „über den Kopf“ oder abstrakt eingeführte Konzepte und Ideen scheitern oder die Qualität und Art der Beziehung zerstören.

Was viel öfter beschrieben wird, ist dagegen: der Rückgriff auf Intuition, auf das berühmte „Einfach-da-Sein“ (was beinhaltet, dass die Begleiterin in sich und ihr Gegenüber „hineinspürt“, um eine bestimme innere Einstellung ringt), auf das Hören auf die Gefühle. Wir haben es also nicht mit einem Wissen oder einer Theorie zu tun, die wie ein Text gewusst und wie ein Werkzeug eingesetzt wird. Die Vernunft und das Denken, die dabei im Spiel sind, sind jedenfalls nicht der „kühle, rationale Verstand". Sondern es handelt sich um ein mit der Person (ihren Erfahrungen, ihrem Gedächtnis, ihren Gefühlen und unmittelbaren leiblichen Reaktionen) verwachsenes Wissen, um „verleiblichtes" Wissen. Und die Vernunft bzw. das Denken dazu ist eines, das Gefühl, Intuition nicht als irrational ausschließt, sondern als wesentliches Moment des Denkens begreift – ja zum Ziel hat.

Dieses Wissen hat die Struktur dessen, was in der antiken Philosophie „praktische Weisheit" genannt wurde *(phronesis)* – und dahinter steckt, wie in der Antike, kein abstrakter Vernunftbegriff, sondern ein beseelter. Die Gefühle sind nicht das Andere der Vernunft, sondern sind selbst Ausdruck von (mehr oder weniger) Vernunft, je nach Situation. Das Denken wird dabei auch nicht als das Letzte gesehen, sondern als etwas Vorletztes, das uns zu unseren wesentlichen Intuitionen hinführt, diese aber weder erzeugen noch wirklich gut zum Ausdruck bringen kann. Das Denken (der Reflexion, der Wissenschaft, der Philosophie, der Supervision) dient also nicht dazu, anwendbare Konzepte vor-zu-stellen. Bei Platon heißt es, dass der „Funke" (also die Einsicht, die Weisheit, die Wahrheit) von Mensch zu Mensch springt, als nie sicheres, sondern immer wieder überraschend geschenktes Ereignis, das „aus dem Zusammenleben und dem gemeinsamen Ringen um die gemeinsame Sache"[14] entspringt. Die Weisheit entsteht also *zwischen* den Menschen – und es steckt ein Stück Unverfügbarkeit darin, ein Widerfahrnis, etwas, das nicht geplant, gezeugt oder hergestellt werden kann. Ganz nüchtern aus-

14 Platon, Siebter Brief, 341 c–d, Sämtliche Werke. Bände 1–4. Übersetzung Friedrich Schleiermacher. Hg. v. Ursula Wolf, Hamburg: Rowohlt, 2009–2011.

gedrückt: Es gehört ganz einfach zur Struktur menschlicher Erfahrung, dass nicht alles selbst gemacht, sondern manches „gegeben“ ist, als Widerfahrnis ins Leben „fällt“. Es ist ein Aspekt echter praktischer Weisheit, dass dieses Moment des Unverfügbaren dazu gehört. In den Worten des französischen Philosophen Eric Weils ist das Denken, das in engem Dialog mit der persönlichen Erfahrung steht, ein Weg, der zur Weisheit führt, ohne von sich aus gesichert dort ankommen zu können. Und: „Für Platon selbst begründet das Gefühl – und es allein – die Philosophie, und es ist keine bloße Laune, wenn er es ablehnt, die Wahrheit durch Traktate oder theoretische Darstellungen, die sowieso nur als eine Einführung dienen können, zu vermitteln: Das Wesentliche … kann nicht gelehrt werden; dank der Liebe schlägt der Funke von Mensch zu Mensch über.“[15]

Das Geschenk ehrenamtlicher Arbeit an die Gesellschaft ist es nicht zuletzt, uns andere Begriffe von Theorie, Wissen, Vernunft, Denken in lebendiger Praxis vor Augen zu führen – gegen die falsche Alternative Vernunft versus Irrationalität, als ob „Vernunft“ nur der kalkulierende Verstand der Wissenschaft in der Moderne wäre.

Etwas davon sollte auch unsere Methodik bestimmen. Wir wollten die Ehrenamtlichen nicht einfach „be-forschen“ – und dann die Daten analysieren. Es ist eine der zentralen Erfahrungen ehrenamtlicher SterbebegleiterInnen, dass sie etwas „gelernt“ haben; dass die Erinnerungen an die Menschen, die sie begleitet haben, bleiben, sie bereichern; dass darüber nachgedacht wird und das Erfahrene für die eigene Lebensempfindung und Lebensführung eine Rolle spielt. Hier springt durchaus ein „Funke“ von Mensch zu Mensch – ja mehr noch: die Kunst ehrenamtlicher Beziehungsweisheit ermöglicht gerade das: einen Funken, der Beziehung, aber auch Gedanken stiftet. Auch wenn wir nun mit forsche-

15 Weil, Eric (1996): Logique de la philosophie, Paris: Vrin, S. 250.

rischer Absicht und sozialwissenschaftlichen Instrumentarien an die Sache herangetreten sind, wir fühlten den Anspruch, dass wir nicht völlig unter das Niveau einer solchen Gedanken stiftenden Beziehungskunst und eines solchen beziehungsstiftenden Denkens fallen wollen – und sollten. Es geht darum, die Gabe des Denkens und der Erzählungen nicht abzubrechen, indem nun einfach „Daten analysiert“ und ausgewertet und dann als Forschungsergebnisse über den Forschungs-„Gegenstand“ präsentiert werden. Wir wurden selbst beschenkt und bereichert – und wollen bzw. sollten das, was die Ehrenamtlichen als Gabe erfahren haben, so recht und schlecht, so gut als möglich weiter-geben. Keine abstrakte Auswertung also, sondern die Freiheit, aber auch die Verpflichtung, sich selbst zum Denken anregen zu lassen, eigene Gedankenlinien zu entwickeln und zu teilen.

6

„Wir müssen uns wieder daran erinnern, dass jeder von uns die innere Weisheit und Leidenschaft besitzt, für einen anderen Menschen zu sorgen, der leidet.“

Zum Schluss: Aus dem Schatten treten. Warum Ehrenamtliche in der Hospizarbeit unverzichtbar sind

Was hält unsere Gesellschaft zusammen? Die Frage ist Thema in Weihnachts- und Neujahrsansprachen. Ministerinnen und Bischöfe stellen sie angesichts beunruhigender Erosionsprozesse. Man ist versucht zu sagen: Die Ehrenamtlichen in der Hospizarbeit wissen die Antwort. In ihrer Arbeit sprudelt der Stoff, aus dem der Zusammenhalt erwächst. Sie sind mit ihrer ganzen Existenz, mit Leib und Seele für Menschen am Lebensende da. Sie werden für das, was sie tun, nicht bezahlt. Sie bringen das kostbarste Geschenk mit, das es gibt: Zeit. Zeit, die nichts kostet, die nicht abgerechnet wird. Sie, die Ehrenamtlichen, orientieren sich nicht an Theorien oder Zahlen, an Statistiken oder Diagnosen. Sie erzählen Geschichten: traurige, schöne, zweifelnde, beglückende Geschichten über Sterben und Tod. Und unser Dilemma als Forschende: Jede dieser Geschichten spricht über eine eigene, lokale, unwiederholbare Erfahrung, die mit einer anderen Geschichte unvergleichbar ist. Wie darüber berichten? Man kann die Geschichten nicht über einen Kamm scheren. Wir haben versucht, einige Richtungen im Denken, Fühlen und Handeln der Ehrenamtlichen vorsichtig herauszuarbeiten, und haben versucht, die Erfahrungsschätze der Ehrenamtlichen als ein kulturelles (und praktisches) Erbe dieser Gesellschaft zu sichern.

Es sind vor allem Frauen, ältere zumal, und einige Männer, mit denen wir gesprochen haben. Sie haben ihre Aus- und Fortbildungen absolviert, aber ihre eigentliche Kompetenz liegt in dem, was früher „Herzensbildung" genannt werden durfte. Frank Ostaseski, der in Kalifornien seit Jahrzehnten Menschen am Lebensende begleitet, hat auf den Begriff gebracht, was für Menschen, die Sterbende begleiten, wichtig ist:

> *„Das Bewusstsein dafür, dass wir das, was wir für diesen Job brauchen, nicht erst lernen müssen, sondern bereits in uns tragen. Für andere zu sorgen ist ein natürlicher Ausdruck unserer Menschlichkeit. In den vergangenen Jahrzehnten haben wir den Prozess des Sterbens unnötig komplex gemacht, überprofessionalisiert und mystifiziert, sodass wir ihn jetzt oft als Bürde, als Pflicht empfinden. Wir müssen uns wieder daran erinnern, dass jeder von uns die innere Weisheit und Leidenschaft besitzt, für einen anderen Menschen zu sorgen, der leidet."*[16]

16 Frank Ostaseski im Interview mit Klaus Stimeder: „Mit dem Tod eine Tasse Tee trinken", in: Wiener Zeitung vom 31.3./1.4.2018.

Die Ehrenamtlichen, mit denen wir gesprochen haben, sind uns mit bemerkenswerter Offenheit begegnet. Die Intensität der Gruppengespräche, in denen über Erfahrungen und Erkenntnisse diskutiert wurde, hat – so scheint uns – die Ehrenamtlichen selbst überrascht. Das „Sterbewissen" der Ehrenamtlichen rückt in den Geschichten und in den Gesprächen zunächst in den Hintergrund. Im Vordergrund stehen vielmehr einerseits die Biographien, die Konflikte, das Verhalten, die Leiden und die Gesprächsbereitschaft der Begleiteten. Andererseits gibt es einen reflektierenden Umgang mit der begleitenden Tätigkeit: Warum mache ich das? Was bringt das für mich? Mache ich es richtig? Und dann tritt eine staunenswerte alternative Kenntnis über das Lebensende zutage, die (in Bescheidenheit eingebettet) eine bemerkenswerte Leuchtkraft aufweist. Und diese Kenntnis wird aus direkter Begegnung gespeist – und sie ereignet sich neben und außerhalb der professionellen medizinischen und pflegerischen Tätigkeit. Die Ehrenamtlichen sind – so könnte man sagen – das dritte Auge der Gesellschaft, mit dem gesehen wird, was sonst übersehen würde. Und sie sind zugleich eine überraschende Quelle der Zuwendung zu Menschen am Lebensende.

Die Ehrenamtlichen, mit denen wir gesprochen haben, sind „weiße Raben": Sie bewegen sich zunehmend am Rande einer durch Professionalisierung und Verdienstleistung gekennzeichneten Hospizszene. Wir möchten deutlich machen, dass Ehrenamtliche mit ihrer selbstverständlichen, unentgeltlichen Tätigkeit, in der sie geradezu verschwenderisch Zeit zur Verfügung stellen, eine außerordentliche Kostbarkeit darstellen. Diese ungewöhnliche gesellschaftliche Solidarität wird als eine Kraftquelle sichtbar, die in Zeiten der Erosion von sozialen Zusammenhängen unsere Aufmerksamkeit und Dankbarkeit verdient. Man ist versucht zu sagen: Die Ehrenamtlichen bringen Sterben und Tod wieder auf den Boden der Tatsachen zurück, sie machen das Lebensende zu einer menschlichen Erfahrung von Angesicht zu Angesicht. Ehrenamtliche wissen mit dem Satz des französischen Philosophen Emmanuel Lévinas viel anzufangen:

> *„Einem Menschen begegnen heißt, von einem Rätsel wachgehalten zu werden.“* [17]

Wir haben aus den Gesprächen den Eindruck gewonnen, dass Ehrenamtliche im Schatten der zunehmenden Professionalität eine besondere, wichtiger werdende Rolle spielen. Die Rahmenbedingungen, unter denen ehrenamtliche Arbeit stattfindet, sind besonders und zugleich fragil:

- Die Knappheit finanzieller und personeller Ressourcen in der ambulanten und stationären Hospizarbeit, in palliativmedizinischen Abteilungen und in der ambulanten palliativen Versorgung (SAPV etc.) lässt ehrenamtliche Arbeit, die unentgeltlich ist, als etwas ganz Besonderes erscheinen. Solches zivilgesellschaftliche Engagement kann und darf nicht zum „Lückenbüßer“ im Versorgungsapparat werden, sondern muss eher als symbolischer Kontrapunkt zu vergeldlichten Versorgungsstrukturen begriffen werden. In der Unentgeldlichkeit verbirgt sich mehr Zukunftsfähigkeit, als im Augenblick erkennbar ist. Ehrenamtliche Hospizarbeit bildet jene zukünftige hospizliche Begleitung ab, die angesichts alternder Bevölkerung und knapper Ressourcen stark von zivilgesellschaftlicher Initiative abhängig sein dürfte.

- Je stärker hospizlich-palliative Arbeit zu einer professionell getragenen Säule in der Versorgungslandschaft wird, desto fraglicher wird zu-

17 „Einem Menschen begegnen heißt, von einem Rätsel wachgehalten werden.“ In: Levinas, Emmanuel (1983): Die Spur des Anderen. Untersuchungen zur Phänomenologie und Sozialphilosophie. Aus dem Französischen übersetzt, herausgegeben und eingeleitet von Wolfgang Nikolaus Krewani, Freiburg/München 1993, S. 120.

gleich die Rolle der Ehrenamtlichen. Sind sie ein abschmelzendes Relikt aus den Anfängen der Hospizarbeit oder werden in ihrer Tätigkeit künftige Formen lokal getragener, gemeinschaftlicher Sorge sichtbar? Neue Hospize, in denen kommerzielle Interessen in den Vordergrund treten, verzichten offenbar zugunsten professioneller Strukturen ganz auf das Ehrenamt, das eher als kompliziert, schwer planbar und als diffus in seinen Aufgaben wahrgenommen wird. Vor dieser Entwicklung muss eindringlich gewarnt werden.

- Gegenwärtig wird ehrenamtliche Hospizarbeit vor allem von älteren Frauen aus bürgerlichen Mittelschichten getragen. Jüngere Frauen und Männer sind eher Randerscheinungen. Die Zukunftsfähigkeit der ehrenamtlichen Hospizarbeit wird auch davon abhängig sein, ob es gelingt, neue ehrenamtliche Potenziale zu erschließen.[18] Dazu müsste mehr an Informationen gesammelt werden (was dieses Forschungsprojekt nicht leisten konnte) zu diesen Fragen: Welchen Einfluss haben religiöse Orientierungen (katholisch/evangelisch etc.)? Wie ist mit den Unterschieden zwischen städtischer und ländlicher Begleitung umzugehen? Was bedeutet die klaffende Schlucht zwischen Arm und Reich in Deutschland für die ehrenamtliche Hospizarbeit? Gehen wir auf eine Situation zu, in der die Hospizszene sich sozial differenziert – Begleitungen für den Privatpatienten und Begleitungen für Hartz-IV-Empfänger –, und was bedeutet das für die Begleitung?

- Die Ehrenamtlichen sind oft die Anwälte und Vertreter der Gefühle, der Intuition inmitten eines Kontextes professioneller Kausalität. Aber sie werden von der professionellen Seite (Medizin, Pflege) nicht immer wahrgenommen. Es gibt so etwas wie eine professionelle Ach-

18 Vgl. dazu die Ergebnisse der Teilprojekte von Thomas Klie und Werner Schneider in dieser vom DHPV geförderten Verbundforschung.

tung des Ehrenamtes bei gleichzeitiger institutioneller Verachtung. (Sie werden zum Beispiel oft nicht über den Tod oder die Beerdigung eines Begleiteten unterrichtet.)

Das Flackern des Enthusiasmus, der emotionale Wildwuchs in den Geschichten der Ehrenamtlichen ist die eigentliche Kostbarkeit. Eine Kostbarkeit, die von der Ausrottung bedroht ist: In den Geschichten der Ehrenamtlichen sehen wir das bedrohte Flackern eines als natürlich verstandenen Engagements, das durch rationalisierte, kontrollierte Verfahren abgelöst werden soll. Wir schauen dem Verschwinden der Bienen und anderer Insekten zu und ahnen die Bedrohtheit unserer Existenz. Vielleicht sind die Ehrenamtlichen die Parallele …

Pier Paolo Pasolini hat 1975 einen Aufsatz über das Verschwinden der Glühwürmchen geschrieben[19] und damit mehr als eine ökologische Katastrophe gemeint. Das Aussterben der Glühwürmchen war für ihn ein poetisches und zugleich apokalyptisches Bild für das Verschwinden des Lebendigen. Die Geschichten der Ehrenamtlichen führen uns – wie die Glühwürmchen – vor Augen, wie arm unsere Gesellschaft ohne sie dastehen würde.

19 Pasolini, Pier Paolo (1975): Von den Glühwürmchen. In: Pasolini, Pier Paolo: Freibeuterschriften. Die Zerstörung der Kultur des Einzelnen durch die Konsumgesellschaft. Berlin: Verlag Klaus Wagenbach 1998. S. 104–111.

Literaturempfehlungen

Bitschnau, Karl W.: Einfach da sein – über die Bedeutung des ehrenamtlichen Engagements in der Hospizarbeit und Palliative Care. Vortrag beim 13. Tiroler Palliativtag, 14.04.2018: https://www.hospiz-tirol.at/wp-content/uploads/2018 /04/Karl-Bitschnau.pdf (15.06.2018)

Burbeck, Rachel/Candy, Bridget/Low, Joe/Rees, Rebecca (2014): Understanding the role of the volunteer in specialist palliative care: a systematic review and thematic synthesis of qualitative studies. In: BMC Palliative Care, 13(3), S. 1–12

Charbonnier, Ralph (2011): Chancen und Klippen ehrenamtlicher Arbeit im Gesundheitswesen. In: Arndt-Sandrock, Gabriele (Hrsg.): Loccumer Protokolle 08/10. Alte Wege – Neue Pfade. Anfänge, Stationen, Perspektiven der Hospizarbeit. Rehburg-Loccum: Ev. Akademie Loccum, S. 51–73

Claxton-Oldfield, Stephen (2016): Hospice Palliative Care Volunteers. A Review of Commonly Encountered Stressors, How They Cope With them, and Implications for Volunteer Training/ Management. In: American Journal of Hospice and Palliative Medicine, 33(2), S. 201–204

Claxton-Oldfield, Stephen/Claxton-Oldfield, Jane (2008): Some Common Problems Faced by Hospice Palliative Care Volunteers. In: American Journal of Hospice and Palliative Medicine, 25(2), S. 121–126

Claxton-Oldfield, Stephen/Claxton-Oldfield, Jane/Paulovic, Stefan/Wasylkiw, Louise (2012): A Study of the Motivation of British Hospice Volunteers. In: American Journal of Hospice and Palliative Medicine, 30(6), S. 579–586

Claxton-Oldfield, Stephen/Hastings, Emily/Claxton-Oldfield, Jane (2008): Nurses Perceptions of Hospice Palliative Care Volunteers. In: American Journal of Hospice and Palliative Medicine, 25(3), S. 169–178

Deutsche Gesellschaft für Palliativmedizin (DGP)/Deutscher Hospiz- und PalliativVerband (DHPV)/Bundesärztekammer (BÄK) (Hrsg.) (2016): Charta zur Betreuung schwerstkranker und sterbender Menschen in Deutschland. Handlungsempfehlungen im Rahmen einer Nationalen Strategie. Verfügbar unter: https://www.charta-zur-betreuung-sterbender.de/ files/bilder/neu2%20RZ_

161004_Handlungsempfehlungen_ONLINE.pdf (15.06.2018)

Fink, Michaela (2012): Von der Initiative zur Institution. Die Hospizbewegung zwischen lebendiger Begegnung und standardisierter Dienstleistung. Schriftenreihe des Wissenschaftlichen Beirats im DHPV e. V., Band V. Ludwigsburg: der hospiz verlag

Fleckinger, Susanne (2013): Die Orchestrierung des Sterbens. Ehrenamtlichkeit zwischen Ökonomisierung und Professionalisierung. In: Praxis PalliativeCare, Heft 20, S. 12–13

Fleckinger, Susanne (2013): Ehrenamtlichkeit in Palliative Care: Zwischen hospizlich-palliativer Sorgekultur und institutionalisierter Dienstleistung. Wiesbaden: Springer VS

Fleckinger, Susanne (2013): Ehrenamt – die Brücke zum Sozialen. Zur zivilgesellschaftlichen Qualität ehrenamtlicher Arbeit in Palliative Care. In: Praxis PalliativeCare, Heft 18, S. 30–32

Fleckinger, Susanne (2018): Hospizarbeit und Palliative Care. Zum wechselseitigen Arbeitsverhältnis von Haupt- und Ehrenamt. Wiesbaden: Springer VS

Fleckinger, Susanne/Meyer, Dorothee (2015): Skizze des aktuellen „Positionspapiers“ der DGP-AG Ehrenamtlichkeit. Neue Handlungsfelder für das Ehrenamt in Palliative Care. In: Zeitschrift für Palliativmedizin, 16(5), S. 196–197

Goebel, Swantje (2012): Die eigene Sterblichkeit im Blick. Eine biographieanalytische Studie mit Hospizhelferinnen und Hospizhelfern. Paderborn: Wilhelm Fink Verlag

Goossensen, Anne/Somsen, Jos/Scott, Ros/Pelttari, Leena (2016): Defining volunteering in hospice and palliative care in Europe: an EAPC White Paper. In: European Journal of Palliative Care, 23(4), S. 184–191

Graf, Gerda (2011): Geschichtliches und Geschichten. In: Bödiker, Maria Luise/Graf, Gerda/Schmidbauer, Horst (Hrsg.): Hospiz ist Haltung. Kurshandbuch Ehrenamt. Ludwigsburg: der hospiz verlag, S. 10–21

Graf, Gerda/Klumpp, Martin/Neumann, Ursula/Schmidbauer, Horst (2011): Ehrenamt in der Hospizarbeit. Zehn Bausteine zur Erarbeitung eines Leitbildes. Ergebnis aus der DHPV-Arbeitsgruppe Ehrenamt vom 26.05.2011. Verfügbar unter: http://www.ehrenamtsbibliothek.de/literatur/pdf_427.pdf (15.06.2018)

Gronemeyer, Reimer/Heller, Andreas (2007): Stirbt die Hospizbewegung am eigenen Erfolg? Ein Zwischenruf. In: Heller, Andreas/Heimerl, Katharina/Husebø, Stein (Hrsg.): Wenn nichts mehr zu machen ist, ist noch viel zu tun. Wie alte Menschen würdig sterben können. Freiburg im Breisgau: Lambertus Verlag, S. 576–586

Gronemeyer, Reimer/Heller, Andreas (2014): Die Hospizidee – eine Frage der Haltung. Oder: wer hilft eigentlich wem? In: Bruhn, Ramona/Straßer, Benjamin (Hrsg.): Palliative Care für Menschen mit geistiger Behinderung. Interdisziplinäre Perspektiven für die Begleitung am Lebensende. Stuttgart: Kohlhammer Verlag, S. 48–52

Gronemeyer, Reimer/Heller, Andreas (2018): In Ruhe sterben. Was wir uns wünschen und was die moderne Medizin nicht leisten kann. 3. Auflage. München: Pattloch Verlag

Haumann, Wilhelm (2014): Motive des bürgerschaftlichen Engagements. Kernergebnisse einer bevölkerungsrepräsentativen Befragung durch das Institut für Demoskopie Allensbach im

August 2013, hrsg. vom Bundesministerium für Familie, Senioren, Frauen und Jugend (BMFSFJ), Berlin. Verfügbar unter: www.bmfsfj.de

Hayek von, Julia/Pfeffer, Christine/Schneider, Werner (2011): Hospiz schafft Wissen. Ehrenamtliche unter der Lupe der Wissenschaft. In: Bödiker, Marie Luise/

Graf, Gerda/Schmidbauer, Horst (Hrsg.): Hospiz ist Haltung. Kurshandbuch Ehrenamt. Ludwigsburg: der hospiz verlag, S. 94–101

Heller, Andreas/Schuchter, Patrick (2017): Sorgekunst. Mutbüchlein für das Lebensende, Esslingen: der hospiz verlag

Heller, Andreas/Schuchter, Patrick (2014): Sorgeethik. Die Hospizidee als kritische Differenz im Gesundheitsmarkt. In: Maio, Giovanni (Hrsg.): Ethik der Gabe. Humane Medizin zwischen Leistungserbringung und Sorge um den Anderen. Freiburg im Breisgau: Herder Verlag, S. 271–314

Heller, Andreas/Wegleitner, Klaus (2014): Public Care: Die Demokratisierung der Sorge. In: Praxis PalliativeCare 23, S. 10–13

Heller, Andreas/Pleschberger, Sabine/Fink, Michaela/Gronemeyer, Reimer (2012): Die Geschichte der Hospizbewegung in Deutschland. Ludwigsburg: der hospiz verlag

Hermann, Ursula (2017): „Je länger ich dabei bin, umso durchlässiger werde ich“ Palliative Care im Fokus von Supervision: eine ethnografisch-partizipative Untersuchung von Palliativ- und Hospizteams. Dissertation. Alpen-Adria-Universität Klagenfurt, Wien

Kellehear, Allan (2014): Sorgende Gemeinschaft: Sterbebegleitung als Verantwortung jedes Einzelnen. In: Praxis PalliativeCare Nr. 23, S. 14–19

Klie, Thomas (2015): Caring Communities als Perspektive für Sorge und Pflege in einer Gesellschaft des langen Lebens. In: Freiräume für die Zukunft. Plädoyer für einen ‚Neuen Generationenvertrag‘. Band 17 der Reihe Wirtschaft und Soziales, hrsg. von der Heinrich Böll Stiftung, S. 31–44

Klie, Thomas/Klie, Anna Wiebke (Hrsg.) (2018): Engagement und Zivilgesellschaft. Expertisen und Debatten zum Zweiten Engagementbericht. Wiesbaden: Springer VS

Müller, Monika (2015): Ehrenamtliche – Wort, Ort, Bedeutung. In: Leidfaden. Fachmagazin für Krisen, Leid, Trauer, Heft 4, S. 40–45

Müller, Monika/Heinemann, Wolfgang (2014): Handbuch Ehrenamtliche Sterbebegleitung. Handbuch mit Übungsmodulen für Ausbildende. Göttingen: Vandenhoek & Ruprecht

Neumann, Daniela (2016): Das Ehrenamt nutzen. Zur Entstehung einer staatlichen Engagementpolitik in Deutschland. Bielefeld: Transkript Verlag

Ostaseski, Frank im Interview mit Klaus Stimeder: „Mit dem Tod eine Tasse Tee trinken.“ In: Wiener Zeitung vom 31.3./1.4.2018

Ostaseski, Frank im Interview mit Gudrun Huber: „Sterbende begleiten – ein mitfühlender Gefährte für Sterbende sein." Akademie PANTA RHEI 6./7.11.2009

Pfeffer, Christine/Hayek, Julia von/Schneider, Werner (2012): „Sterben dort, wo man zuhause ist …" – Zur Organisation und Praxis von Sterbebegleitungen in der ambulanten Hospizarbeit. In: Wegleitner, Klaus/Heimerl, Katharina/Heller, Andreas (Hrsg.): Zu Hause sterben – der Tod hält sich nicht an Dienstpläne. Ludwigsburg: der hospiz verlag, S. 338–354

Radbruch, Lukas/Payne, Sheila (2011): White Paper on Standards and Norms for Hospice and Palliative Care in Europe: Part 1. In: Zeitschrift für Palliativmedizin, 12(5), S. 216–227

Schneider, Werner (2017): Bürgerbewegte Ehrenamtlichkeit in der Betreuung am Lebensende. Herausforderungen, Probleme, Perspektiven. In: Bundesgesundheitsblatt, 60(1), S. 69–75

Schölper, Elke (Hrsg.) (2017): Sterbende begleiten lernen. Das Celler Modell zur Vorbereitung Ehrenamtlicher in der Sterbebegleitung. Im Auftrag des Gemeindekollegs der VELKD. 5. Auflage. Gütersloh: Gütersloher Verlagshaus

Schuchter, Patrick (2016): Sich einen Begriff vom Leiden anderer machen. Eine praktische Philosophie der Sorge. Bielefeld: transcript

Stelzer, Eva-Maria/Lang, Frieder R. (2014): Motivations of German hospice volunteers. How do they compare to nonhospice volunteers and US hospice volunteers? In: American Journal of Hospice and Palliative Medicine, 33(2), S. 154–163

Student, Johann-Christoph (1997): Die Zukunft und die Bedeutung der ehrenamtlichen Hospizarbeit. In: Klie, Thomas/Roloff, Sighard (Hrsg.): Hospiz und Marketing. Finanzierungsstrategien für soziale Initiativen am Beispiel der ambulanten Hospizarbeit. Stuttgart: Kontaktstelle für praxisorientierte Forschung, S. 32–45

Student, Johann-Christoph (2004): Ehrenamtliche. In: Ders. (Hrsg.): Sterben, Tod und Trauer. Handbuch für Begleitende. Freiburg im Breisgau: Herder Verlag , S. 61–66

Tausch-Flammer, Daniela (1992): Jahresbericht 1992 der Dienststelle Hospiz – Begleitung Sterbender und ihrer Angehörigen. In: Diakonisches Werk der EKD (Hrsg.) (1993): Dokumentation zur Hospizbewegung. Hannover: EKD, S. 29–34

Voice of Volunteering. EAPC Madrid Charta zum Ehrenamt in Hospiz und Palliative Care (Unterzeichnungsaufruf). Verfügbar unter: https://www.hospiz-noe.at/wp-content/uploads/2017/06/EAPC-Madrid-Charta-Ehrenamt_deutsche-%C3%9Cbersetzung_final.pdf (15.06.2018)

Verzeichnis der AutorInnen

Patrick Schuchter
ist Philosoph, Krankenpfleger, Gesundheitswissenschaftler und arbeitet am Institut für Palliative Care und Organisationsethik, Fakultät für Interdisziplinäre Forschung und Fortbildung (IFF) Wien, Universität Klagenfurt, Wien. Er beschäftigt sich mit Vorliebe damit, wie mit existenziellen und philosophischen Fragen im Alltag und in der Praxis umgegangen werden kann (www.ipps.at). Er lehrt und forscht zum Thema „Caring Communities".

Michaela Fink
ist wissenschaftliche Mitarbeiterin am Institut für Soziologie der Justus-Liebig-Universität Gießen. Sie beschäftigt sich mit der Soziologie des Sterbens (mit dem Schwerpunkt Hospiz- und Palliative Care in den europäischen Gesellschaften) sowie mit Themen des Südliches Afrika (Ernährungssicherung; Kindheit, HIV/AIDS und Waisenkrise). Sie ist Gründungs- und Vorstandsmitglied des gemeinnützigen Vereins Pallium (www.pallium-ev.com).

Reimer Gronemeyer
ist Professor für Soziologie i. R. am Institut für Soziologie der Justus-Liebig-Universität Gießen. Er hat die Hospizbewegung seit vielen Jahren kritisch und freundschaftlich begleitet. Das Thema „Demenz" steht in Theorie und Praxis im Zentrum seiner Arbeit. Er arbeitet zugleich in den Ländern des Südlichen Afrika an Fragen der Ernährung und der Lebenssituation von Kindern. Er ist Vorsitzender des gemeinnützigen Vereins Pallium, der in Namibia soziale Projekte realisiert.

Andreas Heller
ist Professor für Palliative Care und Organisationsethik am Institut für Pastoraltheologie und Pastoralpsychologie der Katholisch-Theologischen Fakultät der Universität Graz. Er beschäftigt sich u. a. mit der Hospizbewegung als sozialer Bewegung, dem Aufbau und der Entwicklung von sorgenden Gemeinden und mit der Frage nach der Bedeutung von Sterben, Tod und Trauer für das individuelle und gesellschaftliche Leben.

Liste der Artikel und ihrer Verfasser

1 **Sorge um Fremde** | Andreas Heller

2 **Die Erfahrungen auf einen Blick** | Reimer Gronemeyer

3 **Sieben Fragen und was Ehrenamtliche dazu sagen**

Wie fing alles an? | Patrick Schuchter

Wie habe ich Zugang gefunden? | Andreas Heller

Wie bin ich da? | Michaela Fink: Ehrenamtliche als Vermittler | Andreas Heller: Hospizliche Haltung im ehrenamtlichen Selbstverständnis; die Rollen der Ehrenamtlichen

Was kann alles passieren? | Michaela Fink: Das Mysterium des Sterbens; Was ist Wahrheit? Hospizarbeit zwischen Offenheit und Verborgenheit; Alltägliches und Schönes in der Begleitung | Patrick Schuchter: Mit dem Latein am Ende – Hospizarbeit an der Grenze

Wie findet Sterben heute statt? | Reimer Gronemeyer

Wie gehe ich nach Hause? | Patrick Schuchter

Was bleibt? | Patrick Schuchter

4 **Das Leben *lebt* in den Geschichten ...** | Michaela Fink

5 **Zum Forschungsprozess: Wie sind wir vorgegangen?** | Patrick Schuchter

6 **Zum Schluss: Aus dem Schatten treten. Warum Ehrenamtliche in der Hospizarbeit unverzichtbar sind** | Reimer Gronemeyer

Impressum

Bibliografische Information Der Deutschen Bibliothek
Die Deutsche Bibliothek verzeichnet diese Publikation in der Deutschen Nationalbibliografie; detaillierte bibliografische Daten sind im Internet über http: //dnb.ddb.de abrufbar.

Bibliographic information published by the Deutsche Bibliothek
The Deutsche Bibliothek lists this publication in the Deutsche Bibliothek; detailed bibliographic data is available in the internet at http: //dnb.ddb.de

Patrick Schuchter, Michaela Fink,
Reimer Gronemeyer, Andreas Heller

Die Kunst der Begleitung

Was die Gesellschaft von der ehrenamtlichen
Hospizarbeit wissen sollte

Das Projekt und diese Publikation wurden gefördert durch den Deutschen Hospiz- und PalliativVerband e. V.

Deutscher Hospiz- und
PalliativVerband e.V.

ISBN: 978-3-946527-23-7

Layout und Gestaltung: der hospiz verlag
Druck: MCP Druk, Polen

der hospiz verlag Caro & Cie oHG
Schellbergstraße 7 . 70188 Stuttgart
katharina.buck@hospiz-verlag.de
www.hospiz-verlag.de